Kadiyath Ali

# Pour la Maison de mon PÈRE

Kadiyath Ali

# Pour la Maison de mon PÈRE

## Ma revanche est la maison de ton père

Éditions Muse

**Imprint**


Cover image: www.ingimage.com

Publisher:
Éditions Muse
is a trademark of
Dodo Books Indian Ocean Ltd. and OmniScriptum S.R.L publishing group

120 High Road, East Finchley, London, N2 9ED, United Kingdom
Str. Armeneasca 28/1, office 1, Chisinau MD-2012, Republic of Moldova, Europe
Printed at: see last page
**ISBN: 978-620-4-96510-9**

# La maison de papa

L'Afrique baisseau de l'humanité à toujours mis en avant nos cultures nos traditions. Le Bénin quartier latin mais aussi pays du vodou et du cultuelle.

Chapitre 1

Encore Ford longtemps dans nos cours familiale, deux enfants pouvait n'aitre deux de différente familles mais grandir comme des frères. C'est ainsi akungnon et sonangnon vont grandir ensemble, et tout partager. Mais à une différence si la famille d'akungnon connaissait l'importance d'instruire leur enfant. La famille de sonangnon ne voyait pas les choses ainsi.

Akungnon sera donc instruit et fera de longue études tout le contraire de sonangnon qui lui après des années à travailler dans le champ de son père, suivra une formation en maçonnerie.

Un métier qui le portera où le vent voudra bien le conduit.

Le destin fessant bien les choses permettra à nos deux amis de se retrouver

Akungnon un agent de fonctions publiques menant une vie très aisée marié à une femme nommée dèpkè et père d'un garçon nommé bgènanpkon. Tandis que sonangnon était marié à cessi vivant en location et qui avait beaucoup de difficulté à joindre les deux bouts sans compter que sa femme ne tombait pas enceinte.

Les deux amis avaient des vies opposées et le destin n'épargnait pas du tout sonangnon.

Alors akungnon lui propose son aide et lui vendais 5 fois moins cher une parcelle dont il aura les droits de propriété une fois la vente finalisé. C'est ainsi que akungnon et sonangnon devient voisins .Akungnon aidait du mieux qu'il pouvait son amie entre dont vivrières et prêt qu'il refusait catégoriquement le remboursement. C'est dans cette familiarité que sonangnon devient enfin père avec la naissance de son fils wanilo .

Akungnon eu un deuxième enfant avec sa femme, il s'agissait de leur fille appeler sica .Les année s'écoulait mais l'amitié des deux hommes avaient survécu à tout les intempéries.

C'est alors que des années plus tard sonangnon viens rembourser la dernière tranche de paiements de la propriété que luis avait vendu akungnon .Pour célébré l'occasion akungnon fit de sa femme témoins de tout et partageant quelques verres d'alcool avec celui ci tout en promettant que tout les documents seront prêts dans les jours qui viennent. Heureux de la tournure des événements, les deux amis se prient dans les bras.

A peine de retour chez luis sonangnon reçois un appel de travail lui parlant d'un chantier qu'il fallait construire.

C'est ainsi que sonangnon quittait les siens.

Bien-sûr il revient mais aborder le sujet de la parcelle et demande la signature des propriétés de vente luis semblait gênant vis à vis de sonangnon alors il attendait que son ami aborde le sujet, jusqu'à ce que 15 ans s'écoulait.

C'est ainsi 15 ans plus tard sonangnon sur un chantier de travail reçois un appel de son fils :

Sonangnon : allô, c'est qui

Wanilo: bonjour papa, c'est ton fils wanilo

Sonangnon : tout ce passe bien là bas j'espère, je rentre dans trois mois.

Wanilo : papa j'ai une mauvaise nouvelle pour toi

Ton meilleur ami akungnon est mort

Chapitre 2

Sur le fait sonangnon ne pouvait croire ce qu'il attendait

Pour un instant il cru qu'il rêvait en plein jour

Wanilo : papa tu es là ?

Sonangnon : oui oui et t'as mère elle soutient dèpkè j'espère ?

Wanilo: oui papa

Sonangnon : je pourrais rentrer plus tôt que prévu dit à t'a mère de beaucoup soutenir dèpkè et de tout faire pour que dèpkè ne ressente pas son absence

Wanilo : d'accord papa

Sonangnon, malgré ses efforts pour assister à l'enterrement de son meilleur ami ne pourra revenir qu'après la cérémonie

Le voilà de retour il est accueillie par son fils, à la station de bus

Sonangnon : wanilo

Wanilo : bonsoir papa, tu as fait bon voyage j'espère

Sonangnon : oui oui mon fils dit moi tout ces bien passer j'espère pour l'enterrement de ton oncle

Wanilo : oui papa, c'était grandiose des invités très bien habillée de la bonne nourriture partout

Ah papa tu as manqué les bonnes choses

Sonangnon : oh têt toi comment se portent gbenankon et sica

Wanilo : ah papa l'oncle avant sa mort se disputait beaucoup avec gbenankon

Je croie qu'il doit être très content qu'il soit mort

Sonangnon : ne dit pas n'importe quoi, aucun fils n'est heureux de la mort de son père

Wanilo : une chose est certain la pauvre sica était inconsolable et dit qu'il avait célébré une semaine plus tôt sa licence en économie et finance

Sonangnon : à cet effet tu en es où avec ton master ?

Wanilo : t'inquiète pas papa tout est sur contrôle je serai un grand avocat

Sonangnon : c'est bien mon fils mais allons rapidement faudrait pas qu'on rentre tard

Sonangnon n'avais qu'une idée à cet instant c'était rentrée chez son défunt ami pour s'excuser de son absence à l'enterrement de son meilleur ami et souhaiter ses condoléances à la famille éplorée.

## Chapitre 3

Depuis la mort de son mari dèpkè n'as plus le temps .Du veiller de funérailles au lever du corps jusqu'à l'enterrement elle devait participer et suivre au mieux les oncles ainsi que parents de son défunt mari. La situation se complique lorsque c'est dernier réclame la totalité des bien du défunt mari en oubliant femme et enfants qui étaient à la charge du défunt. Pour couronner le tout la famille avait accusé bgènanpkon le fils aîné du défunt  d'être le meurtrier de son propre père en raison de leur divers dispute. La dernière qui avait laissé des séquelles car leur père avait déclaré devant tous qu'il déshéritait son propre fils à cause de son alcoolisme.

A cette décision prix par la famille bgènanpkon s'y opposera et se déclarera devant tous qu'il était le nouveau chef famille, informant que les bien de son père était dorénavant les siens avant de les jeter tous à la rue au lendemain de l'enterrement de son père

Dèpkè était très attristé par la tournure des événements et décide de voir son propre père pour que celui-ci raisonne même un peu son fils

Dèpkè : Bonsoir papa

Papa : soit la bienvenue ma fille

Dèpkè : papa je suis malheureuse ont dit que quand un enfant se perd il se doit de revenir à sa source pour se retrouver

Mon fils m'a m'y la honte devant la belle famille si vous saviez

Papa : quand les adultes ne se respecte plus, il est du devoir des enfants de leur rappeler le sens du respect mais bien-sûr avec toute l'humilité du monde, ne t'inquiètes pas je vais parler à ton fils, vas en paix ma fille

Et qu'il vienne me voir au plus tard demain.

Dèpkè : merci beaucoup papa

De son côté sonangnon était déjà de retour à la maison accompagné de son fils wanilo

Il fut tout les deux accueillir par sa femme .Cessi elle s'appelait, une jeune femme au visage ronde les yeux noirs,les cheveux couvert avec un foulard, légèrement corpulente

Cessi : Soit le bienvenu mon cher papa

Prend place je t'apporte de l'eau bien propre

Sonangnon : merci beaucoup, dit moi femme tout ses biens passés j'espère pour l'enterrement ?

Cessi : oui mon mari tout ces très bien passé

Écoute ton repars est prés que près, je vais préparer ton bains en attendant

Sonangnon : prépare tout je vais de ce pas souhaité mes condoléances à dèpkè et à ses enfants puis je rentre.

Cessi : d'accord comme tu voudras, ne tarde pas trop s'il te plaît le repas pourrait se refroidit

Sonangnon : bien, je reviens d'ici quelques minutes

C'est ainsi que sonangnon se rend dans la maison de son ami, au devant les bâches était nombreuses les chaises ranger, des ouvriers un peu partout pour démontrer les bâches

Les tables que des ouvriers démontaient, tout était au rangement, la porte principale de la maison était encore ouverte pour recevoir des invités retardataires pour souhaiter leur condoléances

Dans la cour il y avait des femmes qui l'avait et rangeaient les bols, les mammites et même les glaciers . Sonangnon rentrait dans la maison et demanda d'après la maîtresse de maison. On le guida ver cette dernière qui de retour de chez son père était resté Assis au salon

Son salon était vaste on pouvait voir les meubles coûteux, un guéridon de verre, un écran plat de 40 pouces .Dèpkè était assise la tête ailleurs, elle semblait ne pas être du tout dans son bain, sonangnon fit alors son entrée

Sonangnon : Bonsoir notre épouse, toutes mes excuses

Dèpkè : ah papa wanilo, soit le bienvenu dans ta maison, tu nous as énormément manqué

Sonangnon : c'est le chef chantier qui m'a maintenue malgré mes supplications. Je ne pouvais être payé qu'à la fin de mon travail et le pire c'était cet argent qui pourrait payer mon transport

Vraiment toutes mes excuses

Dèpkè: mais voyons pourquoi tout cette justifications. Je sais mieux que quiconque que tu n'aurais pas manqué l'enterrement de ton meilleur ami sans une raison valable mais rassure toi ton absence ne sais fait pas trop remarqué car t'as femme m'a beaucoup soutenir du début jusqu'à la fin. Avant que je ne fasse une demande elle le fait déjà. Je doit te remercier car ta femme à été plus qu'à la hauteur

Sonangnon : ah ça c'est du cessi cracher, mais à voir t'a tête tu sembles avoir des problèmes

Que se passe-t-il ?

Dèpkè : ah très chère je viens à peine d'enterrer mon mari et ma belle famille accusé mon fils d'être son meurtrier pour s'emparer de tout ses biens

Figure toi que gbenankon n'as fait preuve d'aucun respect vis à vis de ma belle famille

Je pense qu'ils vont nous jeter à la rue moi et mes enfants. Où irons-nous ?

Chapitre 4

Dèpkè : Moi et mes enfants on ira où. J'ai même pas d'économies, je n'ai pas de travail, c'est seulement sica qui grâce au contact de son père à eu un travail dans une banque de la place mais encore elle est à ses débuts

Je suis complètement dévasté

Sonangnon : ne t'inquiètes pas maman bgènanpkon , tout ira bien je suis confiant mon meilleur ami est juste mort crois moi il n'est pas loin il veille sur vous .C'est certain tu gagnera soit certains et dans le pire des cas ma maison est aussi la tienne

Dèpkè : ah merci beaucoup papa wanilo, mais dit moi je t'ai pas offert n'y a mangé, n'y à boire ?

Dit moi tu veux quoi ?

Sonangnon : non ce n'est pas nécessaire ta sœur à déjà préparer mon dîner. Figure toi à peine je suis rentrés que je suis venu te voir

Dèpkè : dans ce cas rentre vite. Je ne veux pas que tu meurs de faim en plus c'est moi la veuve ma sœur doit avoir grand besoin de son mari

Sonangnon : d'accord ma chère mais tu peux toujours compter sur moi

Dèpkè : bon retour

De retour chez luis sonangnon prend son bain et mangeait sont dîner pour ensuite aller se coucher

Mais malheureusement pour luis il ne trouvait pas le sommeil, alors il se leva et sassis dehors

C'est alors que sa femme décidé de le rejoindre

Cessi : papa

Sonangnon : silence

Cessi : papa, papa, papa.

Sonangnon : à tu besoin de citer mon nom autant

Cessi : depuis ton retour tu n'es pas dans ton assiette

Dit que ce passe t'il ?

Sonangnon : ah tu me connais vraiment. Figure toi que dèpkè et ses enfants risque de se retrouver sans un toi. La belle famille veut tout les prendre

Cessi : ah quelle méchanceté ! Comment ont peut faire ça ? mais les enfants sont grands ?

Sonangnon : quelle enfants laisse moi te dire que c'est pas affaire d'enfants ici ?

Cessi : mais vue que les choses se compliquent pour eux la. Rassure moi tu as déjà fait signer les papiers de propriété de notre maison à akungnon j'espère ?

Sonangnon : ah tu parles comme si tu ne connais pas akungnon .Il reporte toujours as demain

Cessi : et toi comme un idiot tu n'as pas fait signé les documents de vente avant sa mort ?

Sonangnon : hé femme respect moi . Je suis ton mari et puis de quoi tu parles il n'est pas trop tard bgènanpkon vas me signé ses documents après tout dèpkè et luis était témoins lorsque j'ai payé la dernière tranche de paiements de la parcelle

Akungnon à reconnu que j'avais acheté la parcelle donc tout va bien madame

Dans tous les cas je vais faire signer ses documents .Tu as compris ?

Cessi : si tu le dit, dans tous les cas je monte me coucher je te laisse seul avec ta conscience

Akungnon : ça c'est femme ! N'importe quoi, aller vas te coucher,

C'est mieux

Elle parle comme si bgènanpkon allait refuser de me signer ses documents

Chapitre 5

Le jour suivant, le soleil se leva sur la petite ville

Très tôt le matin gbenanklon, un jeune svelte, de teint noir habillé d'un ensemble bomba pour homme se, rend chez son grand père comme l'avait souhaitez ça mère. Il fut accueilli par les jeunes dames habillées de robe longue faite de tissu qui lui suggère de s'asseoir et lui servir de l'eau. Le grand père finis par venir soutenu par sa cane habillé aussi d'un bomba pour homme. Le veuille homme marcha lentement pour venir à son petit fils. Une fois arrivé, il s'assit et essaye de prendre des nouvelles de tous

Grand père : il est plus prudent de se taire que de parler et se crée des problèmes

Dit moi comment se porte la maison ?

Gbenankon : la maison se portait très bien quand je l'ai quitté ce martin

Grand père : un enfant est plus félicité par son intelligence que par les propos insolente qui sort de ça bouche

Gbenankon : où veux-tu en venir veille homme ?

Grand père : le vieil homme à un nom et désir que tu l'appelles par se nom avec le quel tu l'appelais enfants

Gbenankon : eh bien l'enfant à grandir et sache que je ne suis dorénavant le chef de famille

Grand père : chef de famille, qui t'as octroyé se droit ? Tu es qui pour te déclarer chef de famille ?

Furieux gbenankon se lève

Gbenankon : qui je suis ?là n'est pas le problème

Mais j'ai l'impression que t'as duré entant que patriarches pour cette lignée son compté ou du moins je devrais dire tu désires qu'elle soit compter

Eh bien soit heureux, le compte à rebours a commencé. Libre à toi d'accélérer ton départ du globe en continuant à te mêler de se qui se passe dans ma maison.Je te le dit ne réveil pas le lion qui dort si tu ne veux pas être ma prochaine cible

Grand père : jusqu'à moi gbenankon

Gbenankon : d'ailleurs je quitte se lieux libre à toi de continuer dans cette lancée mais tu connais déjà la finalité

Au-revoir veille homme

A peine gbenankon avait quitté les lieux que son grand père pris immédiatement son téléphone pour appeler sa fille dèpkè

Grand père : Allô

Dèpkè : oui, allô papa comment se passe t'a journée j'espère que gbenankon est bien arrivé ?

Grand père : ma fille est tue Assise ?

Dèpkè : oui papa

Grand père : c'est bien, écoute correctement ceux ci je ne vais en aucun cas me répéter prend t'as fille, le peux d'argent qui te reste et quitte cette maison

Dèpkè : comment ça ? Mais papa que c'est t'il passé avec gbenankon

Grand père : cet enfant n'est plus le tien, il c'est alliée à des forces occultes. Je suis suffisamment vieux pour reconnaître un initié à un doyen dans le monde occulte et ton fils à quitter il y a longtemps le monde des initiés.

Dèpkè : mais papa ne peut tu rien faire pour mon fils ? C'est mon fils unique papa.

Grand père : ont ne peut pas sauver celui qui ne veut pas être sauvé.

Reste la à dire c'est mon fils unique, ce que j'ai à te dire, je t'ai déjà dit, je t'ai aussi déjà donné la vie libre à toi de sauvé ta vie et celui de ta fille moi je suis tranquille chez moi et en vie

Sur ceux ta vie et celui de ta fille sont entre tes mains au-revoir

Grand père raccrocha

De son côté chez elle dèpkè était complètement perdu et ne savais quoi faire après cet appel de son père.

La journée semblait très ensoleillé sonangnon se rend dans la maison de son défunt amis par chance gbenankon était effectivement à la maison se jour là et avait accepté aller à sa rencontre, ceux qui rend sonangnon confiant concernant la suite des évènements

Gbenankon : mon oncle soit le bienvenu

Sonangnon : comment vas tu mon fils

Gbenankon : assez bien mon oncle que me vaut t'as visite

Sonangnon : dit mon fils j'espère que tout se passe bien avec la grande famille du côté de ton père

Gbenankon : laisser moi deviner ma mère vous as ennuyer avec cette histoire. Je ne la comprends pas , j'ai déjà réglé cette affaire et j'attends qui viendra nous jeter hors de notre maison et pour quel raison

Sonangnon : c'est pourquoi il faut avoir un fils sinon sans cette force de caractère propre aux hommes, la belle famille allait s'emparer de tous vos biens

Gbenankon : pas de mon vivant quand même

Oh excuse moi mon oncle j'ai oublié les bonnes manières tu veux boire quelque chose en particulier

Sonangnon : non, mon fils tu n'imagines pas combien mon meilleur ami doit être fier que tu sois son fils

Gbenankon : ah merci beaucoup mais ce n’est pas la seul raison de t’as venu n’est ce pas ?

Sonangnon : oui tu as raison si je suis venu ici c'est pour te demander aussi de me signer ses documents pour moi s’il te plait

Gbenankon : c'est quel genre de document ?

Sonangnon : se sont les papiers de vente du terrain que ton père m'avait vendu figure toi qu'il n'avait pas signé avant de mourir

Gbenankon : mais attend c'est le terrain sur le lequel tu vie , l'angle de rue là?

Sonangnon : oui exactement la

Gbenankon : et mon père t'as vendu à ceux pris

Sonangnon : rassure toi mon fils j'ai tout payé du vivant de ton père t'as mère peut témoignée tu sais

Gbenankon : je ne refuse pas que tu es tout payer mais papa t'a vendus ce terrain 5 fois moins sont pris réel

Écoute mon oncle si tu tiens que je signe ce document faudra payer la parcelle à son prie réel

Sonangnon : mais que dit tu gbenankon

Gbenankon : je dis juste que si tu ne me donne pas 5 millions tu peux faire un crois sur la parcelle.

Chapitre6

Sonangnon ne pouvait y croire mais la triste réalité de ce qui venait de se produire sous ses yeux était bien réelle. À la maison sa femme constate avec beaucoup de faciliter que les choses c'était mal passé pour son époux

Cessi : je te connais sonangnon qu'est ce qui ne va pas ?

Sonangnon : la terre viens de s'ouvrir sous mes pieds .Gbenankon m'exige 5 millions avant de signer les documents

Cessi : ah 5 millions mais il est fou ce garçon à tu demandé de l'aide à sa mère pour trouver solution

Sonangnon : non mais j'irai de ce pas, le fer se bat tend s'il est encore chaud

C'est ainsi que sonangnon décide d'aller à la rencontre de dèpkè espérant trouver solution à son problème.

Dès son arrivée à la maison familiale de bgènanpkon , il est accueillie par la servante de la maison. Il est conduit à dèpkè qu'il avait demandé à voir aussitôt arrivée

Dèpkè : soit le bienvenu sonangnon

J'ai appris que tu es venu plus tôt aujourd'hui

Sonangnon : oui, effectivement notre femme mais tu ne croirais pas le malheur qui m'est tombé sur la tête dans t'as propre maison

Dèpkè : mais qu'est ce qui t'ai arrivée

Qui t'as offensé dans cette maison

Sonangnon : ce n'est pas une offense mais un incident et je suis sur , si tu interviens tout ceux ci sera réglée

Dèpkè : dit moi s'il te plaît, de quoi il est question ?

Sonangnon : avant tout chose, tu te souviens de la parcelle que ton mari m'avait vendue

Dèpkè : bien sûr, mais c'est quoi encore cette question

Tu me fais peur

Sonangnon : dèpkè s'il te plaît dit moi c'est devant toi j'ai payé tous l'argent pour l'achat de cette propriété

Dèpkè : mais où veut tu en venir car je suis perdue

Sonangnon : je t'en prie dèpkè répond moi

Dèpkè : oui bien sûr que je me souviens

Sonangnon : très bien, vois tu femme ton mari mon meilleur ami n'as jamais signé la convention de vente.

Pour moi il n'y avait pas de problème car je savais que tôt ou tard j'allais obtenir ses signatures sans problème puis que nous sommes plus que des amis nous sommes une famille .Mais après sa mort lorsque j'ai demandé à ton fils de me signer la convention de vente du terrain

Tu s'aies ce qui me demande en retour

Dèpkè : ne me dit pas qu'il à refuser

Sonangnon : je ne sais pas si c'est pire mais sache dèpkè que ton fils m'a exigée une somme de 5 millions avant de signer la convention de vente du terrain

Dèpkè : quoi ?, c'est encore quoi ce problème ?

Sonangnon : s'il te plaît fait quelques choses dèpkè

Dèpkè pense à sa conversation plus tôt avec son père et doute si elle doit intervenir ou pas

C'est à se même moment sa fille sica rentrait. Il c'est avéré qu'elle suivait d'une oreille attentive bien qu'elle était dans la chambre

Sika : bien sûr que maman va faire quelque chose mon oncle

Sonangnon : d'accord ma fille

Sika : pardonne-moi mon oncle de ne pas t'avoir saluée plus tôt

J'étais entrain de me changer

Je viens d'arriver du travaille

Sonangnon : rassure toi ma fille, je t'en veux pas du tout

Dèpkè : Sonangnon tu n'es pas un étranger dans ma cour alors je vais t'avouer une vérité

Bgènanpkon n'est plus le fils que tu as connu, il est probable qu''il ait tué son père. Le fait qu'il ait chassé ma belle famille et vue ce qu'il vient de te fait

Même moi je vais devoir libérer la maison avec sica avant qu'il ne pense à nous faire la même chose que ce qu'il a fait à son père

Sika : mais de parle tu maman ?

Dèpkè : tu m'as bien entendu, nous partons demain

Sika : j'irai nulle part cette maison est aussi la mienne et je suis suffisamment majeur pour avoir mon mots à dire en ce concerne la maison où j'ai grandi

Sonangnon : donc tu ne peux rien pour moi

Dèpkè : hum, je ne te promets rien mais n'est pas trop d'espoir car se garçon ne m'écoute plus et j'ai même peur de lui

Sonangnon : dans ce cas je vais demander à partir mais ma fille ne rend pas la vie dure à t'a mère, soit compréhensive

Sica : d'accord mon oncle tu peux rentrer rassurer

Juste après le départ des lieux de sonangnon .Sica lenca quelques mots à sa mère

Sica : maman, laisse-moi te dire que mon père a deux enfants et je ne permettrais pas que mon frère fasse ce qu'il veut de l'héritage de mon père

Au même moment bgènanpkon rentrait dans le salon

Bgènanpkon : Et qui est tu pour discuter de mes décisions concernant les bien de mon père

Chapitre 7

Gbenankon était très furieux de voir sa sœur revendiquer ses droits. Des droit qu'il n'avait aucunement l'intention de lui faire jouir vue qu'il c'était proclamé héritiers. Il comptait bien le resté, bien sûr être le seul maître et processeur des biens de son père

Sica: je ne te laisserai pas faire ce que tu veux de l'héritage de papa.J'ai des droits et je compte bien les faire valoir

Bgènanpkon : waouh, la petite sica à grandi, mais d'où te vient tend de confiance et d'audace. Je crois savoir, c'est ce boulot à la banque. Madame est une banquière et financièrement indépendante pour ne pas dire stable

Alors mademoiselle se crois tout permis et pense se payer les meilleurs avocats pour me trainer en justice

Dit moi j'ai tord ?

Sica : tu as vue juste pour un ignare ? Alors si j'étais toi je réfléchirai à deux fois avant d'agir

Dèpkè : contrôle tes propos ma fille, ait pitié de ta sœur bgènanpkon

Sica : mais maman arêtes de le supplier il n'est rien faces à la justice et sache que la justice le fera pliée d'un coup c'est moi qui te le dit

Bgènanpkon : la justice quelle justice ne me faire par rire

Que reste t-il de t'as justice si tu n'as pas un sous pour la subventionné. Quand ses hommes de la loi son de nos jours si maniable, il suffit un peu d'argent et tout ses hommes de loi devient corruptible. Toi je doute que tu es l'argent suffisant pour une telle chose

Dit moi d'où trouveras tu l'argent si tu perdais ton emploi et tout tes chances d'en avoir une autre

Tu veux Tenter ta chance petite sœur ?

Est ce que tu es prêt à risqué ton avenir pour sauver un homme que je considère avoir déjà perdu contre moi ?

Mais laisse moi te dire ceux ci si tu ne te retire pas de cette histoire crois moi dès demain tu seras sans emploi

Seci : tu n'es pas Dieu et je te laisserai par faire

Bgènanpkon : alors prépare-toi

Dèpkè : vous allez vous taire je suis encore votre mère et toi sica excuse toi immédiatement envers ton frère

Sesi : mais maman

Dèpkè : obéir, tu vas obéir ?

Sesi : pardonne moi grand frère pour mais propos

Dèpkè : excuse t'a sœur, s'il te plaît, tu peux me croire je vais la contrôler

Tu peux être rassuré qu'elle oubliera tout cette histoire

D'ailleurs j'ai l'intention de quitter cette maison avec elle

Bgènanpkon : je ne vous aie jamais dit de partir c'est aussi votre maison

Dèpkè : oui mais seul la distance vis à vis de tout ceux ci peut réduire le mûre qui se crée entre t'a sœur et toi

Bgènanpkon: si tu le dit, fait bon voyage tu me diras plus tard où toi et ma sœur

Vous vous êtes installés

D'accord

Dèpkè : ne t'inquiète pas pour ça mon fils

C'est ainsi que bgènanpkon quitte la présence de sa mère et se rend directement dans sa chambre

De son côté dèpkè se font en larme dans son fauteuil car elle savait que chaque propos prononcé par son fils était pas des mots en l'air même si ça fille ignorait se détails.

Mais une chose était sur dans ça tête elle n'allait pas risquer ni sa vie, nie celle de sa fille pour une histoire d'héritage ou pour un bout de terrain même si c'était celui du meilleur ami de son défunt mari.

Au lendemain, comme convenu dèpkè quittait la maison avec sa fille

Alors qu'elle quittait la maison avec sa fille, par respect pour sonangnon elle se rend à son domicile.

Sonangnon était assis tout seul dans sa cours avec le regard plongée dans le vide, repensant au passé

Dèpkè : Bonjour à toi sonangnon

Sonangnon : bonjour dèpkè, comment vas tu aujourd'hui

Si tu avais besoin de moi, pourquoi ne m'a tu par fait appelé, je viendrai à toi avec joie

Dèpkè : à quoi bon, comme tu me vois je suis complètement brisé

Sonangnon : laisse moi te faire apporter une chaise ,sessi

Dèpkè : non laisse la chaise et ma chère sessi

Même assise mon problème serait pas facile à gérer, je quitte ma maison pour toujours à cause de se fils qui était autrefois la raison pour laquelle personne ne remettrait en cause ma place dans cette maison aujourd'hui je par oui et pour toujours

Sonangnon : mais que dit tu, je suis certain que tu mens n'est ce pas ? , ton propre fils n'a pas osé te mettre à la rue ?

Dèpkè : je voudrais le contraire mais c'est comme ça il n’a pas eu à le dire mais un fils qui prêt à détruit sa sœur pour une histoire d'héritage dit moi que puis je faire si ce n'est pas de partir pour sauver ma fille

Que faire d'autres sonangnon, dit moi ?

Sonangnon : akungnon nous manque à tous finalement

Fait bon voyage dèpkè et j'espère que la où tu vas

Tu pourras assurer l'avenir de ta fille

Dèpkè : oui je l'espère aussi beaucoup, excuse moi de n'avoir rien pue faire pour ta situation

Sonangnon : ne t'inquiètes pas, l'important c'est les enfants et je sais mieux que qui conque à quelle point une vie n'a pas de prix

Je suis le mieux placée pour te comprendre, tu peux aller en paix, je ne t'en veux pas

Je te le jure

Dèpkè : ne jure pas je te crois merci d'être resté le frère de cœur de mon mari dans sa vie et même dans sa mort

Grand merci, que Dieu veille sur toi et ta famille

Sonangnon : il en sera de même pour toi

C'est ainsi que dèpkè pris la route avec sa fille pour une route nouveau laissant derrière elle la première moitié de sa vie et un fils pour qui elle est consciente qu'elle ne pourra plus rien faire

De son côté sonangnon venait de prendre conscience de la gravité de sa situation et du risque qu'il avait de perdre sa maison, cette maison pour qui il avait tout sacrifié

Qu’allait il fait maintenant ? Quoi dire à sa femme sessi et à son fils wanilo ?

Il était sans espoir pour son avenir et sa famille

## Chapitre 8

Pendant que les sonangnon et dèpkè discutait, sessi était juste derrière les rideaux de sa fenêtre et suivait leur conversation de très près

Lorsque sonangnon s'apprêtait à se rasseoir sur sa chaise, il attendit la voix de sa femme qui raisonna juste derrière luis

Sessi : je te l'avais dit, je t'ai connu sans le sou et j'ai supporté

Tu m'as promis une maison, une famille, une vie de luxe

Sonangnon : vas tu taire, tu n'as pas ce que je t'ai promis

Une maison, un fils alors va en cuisine et tait toi

Sessi : ah oui j'ai un fils mais dit moi j'ai encore une maison ?, dit moi cette maison est encore là notre ?

Non ce n'est pas le nôtre car même les terres ne sont pas à nous sonangnon que vas tu faire maintenant ?

Sonangnon : je suis encore l'homme de cette maison alors vas en cuisine et laisse moi réfléchir

Sessi : oui je m'en vais mais sache que tu dois réfléchir à comment trouver 5 millions et le donner à bgènanpkon

Si tu ne veux pas qu'on se trouve sans un toi dans cette grande ville

Après ces derniers mot sonangnon vas se réfugier dans sa chambre car il savait que chaque mot que sa femme lui disait était la vérité et il n'avait aucun moyen pour luis de rassembler au temps d'argent à moins qu'il enchaîne les travaux sur les chantiers. Mais avec son âge qu'elle chef chantier allait le prendre et même si il était engagé à son âge pourra t'il suivre le rythme ou sa santé risque de lui faire défaut se qui le conduira sans nul doute à une mort certaine.

Toujours couchée dans son lit, ont frappe à la porte de sa chambre, il pense que c'est ça femme qui veut lui annoncer que le repas est prêt

Sonangnon : je n'ai pas faim, tu peux retourner en cuisine

Wanilo : mais papa j'ai une bonne nouvelle pour toi

Sonangnon : ah bon rentre mon fils dit moi tout

Wanilo : regarde papa

Sonangnon : mais ton ignorant de père ne sais pas lire mon fils, tu ne le sais donc pas ?

Wanilo : mais qu'est ce que tu racontes papa tu n'es pas un ignorant, tu sais bien certain choses qu'on nous enseignera jamais dans une école papas, alors tu peux me croire sur parole papa tu es bien cultiver

Sonangnon : reviens sur la raison de ta venue que contient se document

Wanilo : une bourse d'étude dans une des plus grands du pays et cela grâce à un de mes professeurs qui m'aide. Papa figure toi qu'il a présenté mes résultats au recteur responsable de cet Université et ils ont accepté de me compter parmi ces apprenants papa

Sonangnon : une grande Université mais wanilo tu ne vois pas qu'on est sans argent

Wanilo : c'est bien le bon côté des choses papa c'est gratuit papa, tout ce qu'on aura à acheter c'est les fournitures scolaires et assurer mon transport papa

Sonangnon : tu as déjà la licence mon fils pourquoi tu ne cherches pas un emploi hein

Wanilo : papa je veux faire de longues études en plus tu réalises si j'ai mon master dans cet Université aucune entreprise ne rejettera mon dossier

Papa je te promets je vais chercher des petits jobs

Je vais contribuer aux dépenses de la maison mais ne me demande pas de renoncer à mes études papa

Sonangnon : mais mon fils je ne serai jamais un obstacle entre toi et tes études mon fils

C'est juste que la situation est tel que nous risquons d'être sans un toi dans les jours à venir mon fils

Wanilo : de quoi tu parles papa je ne te comprends pas

Sonangnon : vois tu akungnon paix à son âme ne m'a jamais signé les papiers de vente de la propriété et voilà que son fils m'exige 5 millions avant de me signer la convention de vente de la maison

Wanilo : je n'arrive pas à croire que grand frère bgènanpkon ait dit une chose pareille

Sonangnon : écoute j'irai le voir demain pour voir comment ont peut négocier

Wanilo : et maman bgènanpkon que dit-elle ?

Sonangnon : que veut tu qu'elle dise, c'est qu'une femme de sur crois une veuve

Wanilo: je veux bien te comprendre mais c'est son fils non

Sonangnon : wanilo écoute ton père et accepte l'idée que dèpkè ne peux pas nous aider ces mains sont liés

Wanilo : D'accord papa je te comprends, dans ce cas vue la situation actuelle je vais reporter à plus tard mes études et chercher du travail pour ainsi contribuer papa

Sonangnon : pardonne ton père j'aurai aimé être un meilleur père

Wanilo : nous les hommes avons besoin de peut pour être heureux et toi mon père tu as fait plus que tu ne le devais

Sonangnon : merci beaucoup mon fils, merci de m'avoir fait papa

J'aurais aimé que les choses se déroulent autrement

Wanilo : je te fais confiance papa et je sais ensemble la fin sera belle

Plus tard dans la journée après le dîner alors que sonangnon et dèpkè était sur le point de dormir

Sessi : s'il te plaît pardonne moi, j'ai eu une réaction impulsive mon chéri

Qu'allons-nous faire pour ne pas perdre la maison ?

Sonangnon : que veut tu que je te dis ?moi même je ne sais pas, pour le moment j'irai négocier avec bgènanpkon

Prie afin que tout se passe pour le mieux

Sessi : d'accord mon chéri, viens prier avec moi s'il te plaît

Sonangnon : d'accord prions ma chérie

Le lendemain sonangnon se rend chez bgènanpkon pour lui parler.Il le retrouve dans sa cour écrivant des messages sur son portable

Sonangnon : bonjour mon fils, comment vas tu aujourd'hui ?

Bgènanpkon : bonjour papa wanilo, viens dans le salon pour qu'on discute

Tu veux boire quelque chose

Sonangnon : non mon fils, j'ai pas du tout soif

Bgènanpkon : alors les 5 millions ils sont où papa ?

Sonangnon : écoute mon fils je n'ai pas une telle somme d'argent

Si tu pouvais réduire de au 1/3 sa m'aiderait beaucoup mon fils

Bgènanpkon : mon père t'a vendu 5 fois moins le prix réel de ses terres. Aujourd'hui je te propose de les acheter au prix réel qu'elle aurait dû être vendue. Aux lieux de me dire merci, tu te plein je devrais te les vendre à leur prix réel d'aujourd'hui qui varie entre 15 à 16 millions

Sonangnon : ah mon fils comprends moi stp mon fils écoute donne un peut plus de temps pour rassembler les sous

Bgènanpkon : 1 mois et pas plus, j'ai besoin d'argent pour lancer mes activités

Sonangnon : d'accord dans un mois mon fils

Bon je vais demander à partir

Bgènanpkon : je te retiens pas plus bon retour à toi

Se soir là, sonangnon se demandait comment et pas où il allait trouver une telle somme en un mois, certainement vendre sa moto, et quelques objets de valeur. Mais il savait que même si il vendait tout jusqu'à ça dernière chemise il n'allait pas pouvoir rassembler tous cet argent. Comment allait-il s'y prendre pour trouver une somme pareil ?

Il raconta tout à sa femme et son fils qui espérait qu'avec sa licence en droit de leur fils wanilo, ce dernier allait trouver un bon emploi et pouvoir ajouter la différence afin de rassembler les 5 millions.

Mais leur souhait sera vain car malheureusement en un moi wanilo ne trouve aucun travail avec un salaire raisonnable .Si se n'est que des petits jobs avec des paiements journalier qui suffisait a peine pour ses besoins. finalement le jour de la rencontre de sonangnon et bgènanpkon arrivait et sonangnon n'avais pue réussir à rassembler une somme de 150 mill .Sa femme lui suggère de voir bgènanpkon avec cet argent dans l'espoir que cet dernier comprenne, accepte de les accorder plus de temps pour rassembler la somme manquante.

## Chapitre 9

Ce jour là, bgènanpkon se doutait bien que sonangnon n'avais pas pût rassembler une telle somme mais il était curieux de voir comment le vieil homme allait gérer la situation

Dans tous les cas, bgènanpkon c'était trouver un acheteur qui était prêt à lui donner 20 millions pour ce même terrain à une seule condition que ces occupants actuellement quittes les lieux.

Cette ainsi que bgènanpkon attendait de pieds fermes l'arrivée de sonangnon.

Il était au environ de 15 h la journée était juste parfaite ni trop chaud ni trop froid pourtant sonangnon transpirait à grosse goûte et tremblant de peur. Il réussit à rassembler toutes ses forces pour frappé à la porte de bgènanpkon, comme d'habitude c'est la bonne qui ouvre, il rentre .Cette dernière le conduit à bgènanpkon qui l'attendait en regardant la télévision. Bgènanpkon lui demande de s'asseoir

Bgènanpkon : soit le bienvenu

Tu peux t'asseoir s'il te plaît, tu veux boire quelque chose papa wanilo

Sonangnon : merci beaucoup pour tout mais je vais rester debout et non je ne veux rien boire

Dit-il en essayant de se mettre en genou

Bgènanpkon : mais que fait tu, tu veux que mes ancêtres me tourne le dos

Relève-toi papa dit il en essayant de l'aider à se relever afin d'éviter qu'il soit réellement à genoux

Sonangnon : pitié mon fils c'est tout se que j'ai pu rassembler, seulement 150 Mill pour l'amour de Dieu accepte cet argent donne encore un moi pour rassembler le reste dit il tout en le suppliant

Bgènanpkon : quoi seulement 150 mill et ceux ci en un moi

Non ce n’est pas possible, écoute garde ton argent et vas refaire ta vie ailleurs

Sonangnon : où veux tu que j'aille et à mon âge, pitié mon fils ait pitié de moi et de ma famille

Bgènanpkon : bon je vais faire preuve de générosité, je te donne une semaine pour rassembler tes affaires et quitter ma propriété

Sonangnon : non ne me fait pas ça pense à ton père

Bgènanpkon : mon père oui mon père t'as entretenir toi et ta famille toute ces année .Mais c'est fini je ne vais pas continuer, aller sors de chez moi allez dehors

Sonangnon : je m'en vais bgènanpkon mais sache que je laisse l'argent là donne nous plus de temps stp

Bgènanpkon : j'ai dit dehors

Sonangnon : c'est bon je m'en vais déjà au revoir mon fils

Une fois chez lui sonangnon raconte tout à sa femme et à son fils

.sessi luis faire comprendre qu'ils ne quitteront jamais leur maison et seul la mort pourra les faire quitter leur maison

Sonangnon et son fils sont du même avis que sa femme.

Contre tout attente, bgènanpkon fit preuve de patience et les accords un moi encore. Mais ce qui fut surprenant pour sonangnon et sa famille était de voir apparaître devant leur maison un bulldozer qui brisait tout

Lorsqu'ils sont sortis de la maison pour arrêter la machine il vit bgènanpkon qui était juste à coté de la machine qui brisait tout sur son passage. Sonangnon et les siens s'approche de lui

Sonangnon : que fait tu mon fils, pitié dit à ses hommes de s'arrêter je vais payer, crois moi

Bgènanpkon : je vous avais donné une semaine pour libérer les lieux et vous ne l'avez pas fait maintenant payer le prix de votre entêtement

Aller détruisez moi tout ça

Voyant sa maison se briser sous ses yeux sonangnon Tomba aussi étrange que cela soit il mourut sur le champ

Sessi : sonangnon réveille toi, pitié ne me laisse pas seul avec notre enfant

Wanilo : papa, papa ne nous fait pas ça

Sessi criait à gorge déployée le nom de son mari en larme

Comme si elle espérait que ce dernier ce réveil,

Furieux wanilo se lève, se jette sur bgènanpkon et lui donne un coup de poing sur le visage .Alors une bagarre éclate entre les deux.

Wanilo semblait dominer la bagarre jusqu'à ce que les hommes de bgènanpkon s'impliquent dans la bagarre et se mettent à battre wanilo

Sessi criait au se cour, sauvé mon fils .Ils vont le tuer comme son père pitié aider moi

Les gens regardaient car il avait peur de bgènanpkon qui avait eu le temps d'établir une réputation qui faisait peur dans le dos

Alors que sessi criait à gorge déployée, une jeune femme enceinte au teint clair, des cheveux magnifiquement bien peigner, arrivait sur les lieux

Fenou : bgènanpkon pitié dit à ses hommes de laisser se garçon en paix

Bgènanpkon : mais ma chérie ce minable à voulue me tué

Fenou : oui regarde son père vient de mourir je t'en supplie c'est moi ta femme qui te le demande, épargne les mon amour, il à compris même le voisinage ont compris

Bgènanpkon : d'accord ma chérie, aller laisser le, tout le monde quittons ce lieux demain ont reviens et si jamais il y a encore une âme qui vit sur mes terre, je le tuerais.

Suite à ses mot les hommes de bgènanpkon laissa wanilo à demi mort, rouillée de coup .Par la suite bgènanpkon,sa femme et ses hommes de met à quitter les lieux

Sessi courra vers son fils

Sessi : soit fort mon fils, pitié reste en vie tu es le seul qui me reste

Oh mon Dieu où irons-nous maintenant qu'allons nous faire avec ton père mort

Wanilo : retourner au village maman, la ville n'as plus rien pour nous maman.

Sessi : oui mon fils, tu as raison nous allons retournons au village et recommençons à zéro mon fils

Chapitre 10

Six mois plus tard

Le village de pkobe avait connu bien des modernités, l'électricité, l'eau potable et même des écoles. Ainsi que jouir d'une usine de cimenterie, la cimenterie la forge qui employait les jeunes de cette localité. Quelque kilomètres de cet village dans les profondeurs de se village il y avait une zone nommer oketa .Situé entre pkobe et oberlè une zone où ont achète de l'essence qui provenait du Nigeria. Obelè était à 2 kilomètres du Nigeria. Il y a avait le marché Obada qui s'animai tout les cinq jours et le marché itai pkobe qui s'animai tout les soirs

C'est donc, dans cette localité que c'était installer sessi et wanilo chez la mère de son défunt mari, sonangnon . C'était une veille femme de 60 ans , avec tes cheveux blancs et ronde qui se couvrait souvent le corps avec une pagne nouer à la poitrine. Elle était communément appelé nannan.

Sessi : wanilo , mais où diable est passé mon fils

Oh mon dieu, wanilo, wanilo

Wanilo : maman, maman, mais pourquoi tu cries mon nom ainsi

Sessi : tu n'étais pas sensé coupé du bois ?en plus de ne pas en avoir tu me reviens en retard pour le marché, tu connais t'a grand mère wanilo

Wanilo : oui, oui je sais tout ça maman

J'étais avec quelques amis

Sessi : et ça t'as rapporté quoi ? , du bois oh non tu as préféré revenir les mains vide mon fils

Wanilo : maman écoute, il nous reste un peu de temps avant d'aller au marché itai kpobe pour étaler et vendre les produits vivriers de grande mère

Sessi : et alors vas plutôt chercher du bois avant que t'as grand mère ne constate qu'il n'y a plus de bois

Wanilo : maman je suis fatiguée de passer mes journées aux champs pour une bouchée de pain et pire passer mes nuits au marché pour un toit sur la tête

Maman j'ai la licence tu t'en souviens moi oui et mes diplômes son encore la

Maman je vais quitter le village pour la ville

Sessi : qu'est-ce que tu racontes, tu crois que je vais laisser mon fils tout seul dans une si grande ville

Wanilo : maman, il y a un bâcher qui passe chercher ceux qui sont intéressés pour travailler sur des chantiers en ville, papa m'a enseigné un peu son métier quand nous construisons notre maison

J'aurais qu'à mettre à contribution tout ce qu'il m'a enseigné maman. Ainsi j'utiliserai mes jours de repos pour chercher mon professeur qui m'avait jadis aidé à obtenir une bourse d'étude. Maman afin de voir si je peux continuer mes études et obtenir un très bon emploi

Sessi : bravo, mon fils à réfléchir et voilà ce qu'il m'a pondu un plan de génie

Ne sais tu pas qu'il y a un grand fausser entre la théorie et la pratique ?

Et tu penses que je vais te laisser aller dans cette ville qui m'a pris ton père ?

Tu rêve les deux yeux éveillé mon fils

Wanilo : quelle ville aucune ville ne t'as pris ton mari, c'est bgènanpkon qui as tué ton mari et lui as arraché sa maison

Et tu peux me dire qu'elle avenir j'ai dans se village dit moi maman

Je ne peux pas travailler dans l'usine du village car je n'ai pas fait d'étude technique maman

C'est vraiment ce que tu veux pour ton fils cette vie sans issue or en ville je peux tenter m'a chance

Sessi : alors je te laisserai aller à une condition

Wanilo : laquelle maman

Sessi : jure moi que si tu échoue et que la ville devenait insupportable tu vas rentrer mon fils jure le moi. Tu sais il n'y a pas de honte à échoué, c'est à partir des échecs que se forge la réussite

Wanilo : je te jure maman mais je te promets que je réussirais pour papa, pour toi et même pour grand mère je te le jure maman

Sessi :( avec une voix tremblante dit à son fils) merci mon fils

Elle le sert dans ses bras et dit wanilo ne l'oublie jamais je t'aime et tout ce que je veux c'est ton bonheur

Écoute mon fils j'irai au marché seule quant à toi, coupe du bois, fait le ménage et cuisine le repas avant mon retour

Je vais voir si je peux emprunter chez quelques amis au marché pour que tu puisses aller en ville mon fils

Wanilo : merci beaucoup maman, tu es la meilleure des mamans

J'y vais de se pas, dit il en partant en courant et en riant aux éclats.

A peine partir, la vieille dame sort de sa case

Nannan : tu joues avec le feu, j'ai envoyé mon fils chercher de l'argent et regarde ce qui m'est revenu une femme malchanceuse et un fils qui n'a pas compris que la terre ne m'en jamais

Laisse moi te dire que la richesse que ton fils vas chercher à des kilomètres se trouve juste sous nos pied

Sessi : qui ne risque rien n'a rien, c'est un risque à prendre et je prendrai

Nannan : tu le regretteras à tes dépend, regarde toi tout ses année en ville ta conduite où, une vie de misère, un marie mort jeune, un fils qui n’apprend rien des erreurs de ces parents, regarde la finalité sessi

Sessi : wanilo n'est pas sonangnon et mon fils n'échouera pas belle maman

Nannan : sur quoi basse tu cette confirmation ?

Wanilo : parce que j'ai fois en wanilo qu'il me décevrait pas

Oui je crois en mon fils

Les jours qui ont suivi, wanilo et sa mère ont rassemblé la somme d'argent nécessaire pour le départ en ville de wanilo malgré l'opposition de la grand mère nannan . Le jour du départ de wanilo, arrivait bien assez vite

Wanilo : maman, grand mère le bus va bientôt partie, il faut que j'y aille

Nannan : tu crois allez où hein en ville?, les lieux de perdition écoute tu peux prendre une fille du village et essayer de te construire ici

Wanilo : grand mère on a déjà eu cette conversation mais tu ne m'écoute pas, j'ai pris ma décision alors stp respecte la

Alors stp souhaite-moi bon voyage

Sessi : fait bon voyage et prend cet argent au cas où il t'en manquera mon fils

Wanilo : non garde le reste pour tes besoins maman ce que j'ai me suffit amplement

Nannan : si j'étais toi j'accepterai cet argent mon garçon

Wanilo : merci beaucoup grand mère pour avoir enfin approuvé mon départ avant mon que je quitte se village

Aller au revoir mes deux mamans

Sessi : au-revoir mon fils

Fait bon voyage et reviens-moi même si tu échoue mon garçon

Nannan : fait bon voyage et reviens vite pour me couper du bois tu m'as compris

Wanilo : merci beaucoup mes mamans

Aller au- revoir vais manquer mon bus

Après avoir embrassé sa mère et sa grande mère, wanilo s'en allant et faisant un signe d'au revoir de main à ses deux dames qu’il aimait beaucoup

Sessi : fait bon voyage mon chéri

Nannan : tu vas voir tout comme son père, il viendra avec des miettes et une femme malchanceuse à ces côté

Hum tel père tel fils

Sessi répondu juste par un regard et un silence à la vieille dame car elle n'avait qu'un souhait dans le cœur que son fils luis revienne saint et sauf.

C'est ainsi que les deux femmes retourne dans leur maison avec un silence inhabituel

5 ans plus tard

Les jours sont devenus des semaines,les semaines des mois , pour finir par devenir des années qui se sont suivis mais sessi n'as jamais cessé d'espérer le retour de son fils qui lui manquait tout les jours, tout les minutes , tout les secondes. C'était un matin ordinaire, après le ménage sessi était assise sur un tabouret. Sont regard fixait la route comme si , elle attendait que son fils apparaît sur la route

Nannan : Ce n'est pas en regardant cette route qu’il viendra, tu devrais te reposé car on ira au marché tout à l'heure

Sessi : mon fils me manque beaucoup, c'est difficile pour vous de le comprendre

Nannan : enfin tu me comprends, c'est à ça que ressemblait mon quotidien quand mon fils était avec toi dans cette maudite ville

Sessi : d'accord maman j'ai compris, 5 ans 5 longue année se sont écoulés et je ne sais rien à propos de mon fils et je souffre oui je souffre

Je me meurs tout les jours et lentement maman dit t'elle en pleurant

Nannan la prend dans ses bras et lui dit

Nannan : tu dois être forte, c'est ça être une mère

Soit courageuse, soit patiente et hait la fois ma fille oui garde la foi en dieu et en ton fils

Il reviendra garde la foi

Alors que nannan la consolait, un groupe de petits enfants criait << tonton de tonton>> derrière une voiture qui vient de s'installer devant leur maison et de cette voiture sortait, un jeune homme très bien habillé, élégamment habiller d'un Bomba trois pièces avec un abgada le tout conçu avec un basin riche de couleur blanche orné avec des fils couleur or.

Chapitre 11

Lorsque sessi vit l'homme, des larmes de joie de mis à couler de ses yeux, elle cour vers le jeune homme

Sessi : mon fils, c'est toi, tu es réel ?

Wanilo : oui maman, je suis enfin rentrée, tu m'as tellement manqué

Sessi : mon fils c'est toi, mon petit garçon est rentré maman notre fils est rentrée dit elle en larme

Wanilo : maman tes larme sont finis, je suis venu vous cherchez pour vivre en ville

Sessi : vraiment mon fils

Eux tous ce mis à danser sur le rythme du chant des enfants , finalement wanilo donne de l'argent aux enfants et ces derniers se disperse .

Wanilo est conduit par sa mère et sa grand-mère à leur case conçu de terre rouge et ayant pour toiture de la paille. Sessi lui apporte une chaise

Sessi : prend siège mon fils

Nannan : boie de l'eau mon garçon, la où ton père à échoué

Tu as réussi, tu es revenu riche, regarde la voiture sessi

Sessi : oui maman, c'est vrai mais dit moi d'où tu sors tout cet argent pardon dit moi tu n'es pas rentrée dans un groupe de criminel j'espère ? Vous les jeune

Wanilo : non maman, rassure-toi

Après mon départ du village j'ai été retenus sur un chantier et comme je te l'avais dit je suis partie retrouver mon encien professeur.Il m'a tout de suite engagé comme homme à tout faire chez lui et la j'ai abandonne le chantier. Après il m'a aidé à reprendre les études , j'ai obtenu une bourse d'étude . Ainsi de réussite en réussite j'ai obtenu mon doctorat en droit entre temps j'ai passé quelques concours de l'état et me voilà procurait d'ETAT de notre beau pays maman

Sessi : ho ,il y a un Dieu pour nous les pauvres, gloire au tous puissent , je rend grâce à Dieu

Wanilo : je rend grâce à Dieu, il m'a accompagné maintenant c'est votre tour de profiter de la générosité de Dieu, alors mes deux maman vous êtes d'accord de venir vivre avec moi en ville

Nannan : moi aussi en ville malgré tout ce que j'ai dit avant ton départ

Wanilo : tu es ma grand mère mon père t'as promis de te faire sortir de cet village, mais les hommes l'ont empêché en nous l'arrachant a présent il est du devoir de ton petit fils d'accomplir la promesse de ton fils

Nannan : tu es vraiment le fils de sonangnon, tu as accompli la promesse de ton père soit béni mon fils

Wanilo : allons mes maman, j'ai très faim, on mange quoi

Sessi : tout ce que tu veux mon fils

Nannan : vas en cuisine sessi et cuisine le repas préféré de notre fils

Sessi : j'y vais de ce pas maman

Wanilo : vous m'avez tous manqué

Sessi : toi aussi notre fils

An l'espace de quelques jours, wanilo ,sa mère et grand mère , était de retour à Cotonou dans le quartier fidjroser à quelques par de l'océan Atlantique, était sa maison,une étage ,une maison luxueuse magnifiquement bien décoré avec des grandes meuble, des palmiers pour décorer le jardin, un garage pour deux ou trois voitures

Wanilo : voilà notre maison mes mamans

Quand pensez-vous

Sessi : oh mon Dieu, c'est à nous cette maison

Wanilo : oui maman et crois moi personne ne fera perdre t'as maison

Sessi : maman vous avez vu ?

Nannan : oui ma fille, j'ai vue

Ah c'est un palais royal

Wanilo : venez je vous montre vos chambres

Sessi ; ah c'est trop beau

Nannan : je vais vivre ici, m'a vie à changer  aujourd'hui j'ai triompher

Wanilo : grand maman notre vie à changer

On aurait pu dire que l'histoire, allait finir ainsi mais wanilo comptais bien venger la mort de son père mais il attendait le bon moment mais surtout une opportunité. Une opportunité qui fini par frappé à sa porte.

ce jour là dans l'une des plus grands cabinets d'avocats du pays , il venait de finir sa journée et s'apprêtait à ranger ses affaires quand ça secrétaire arrivait

Secrétaire : excusez-moi monsieur mais un homme veut vous voir

Wanilo : c'est un ancien client ?

Secrétaire : non, monsieur c'est la première fois je le vois

Wanilo : dit luis de revenir demain, ma journée est terminée

Secrétaire : il dit avoir été envoyé par le professeur mindabge et il dit que ce dernier est votre mentor

Wanilo : d'accord fait le rentré

Secrétaire : bien monsieur, vous pouvez entrer monsieur fogan

Fogan: merci Madame

C'est ainsi que, l'homme robuste, habillé en tailleur veste, cravate fit son entrée dans le bureau de wanilo

Fogan : bonsoir monsieur le procureur

Wanilo : bonsoir monsieur, ma secrétaire m'a dit que c'est mon mentor le professeur mindabge qui vous envoie

Fogan : tout à fait

Wanilo : expliquer moi svp votre problème

Fogan : je vous explique, il y a de cela des années l'un des oncle de mon défunt père à vendu un terrain à un homme mais par chance pour ma famille il avait vendu le terrain sans tenir compte des titres fonciers du terrain que je détiens actuellement. D'après les informations que je détiens actuelle je peux récupérer le terrain

Croyez vous que c'est possible ?

Wanilo : donner les documents pour que je puisse y jeter un coup d'œil

Fogan : les voici

Wanilo regarde les documents,

Wanilo : oui, je confirme vous pouvez récupérer le terrain avec le titre foncier

Mais vous pouvez revendre aussi le terrain aux propriétaires actuels si vous voulez

Fogan : vraiment, formidable pour tout vous dire ma famille et moi faisons face à des difficultés financière, nous sommes d'avis à revendre le terrain aux occupants actuelles. Mais comment faire pour que l'actuel occupant du terrain accepte de payer

Wanilo : dite moi quand vous êtes disponible pour visiter le terrain, et qu'elle est le non des nouveaux occupants et je m'occupe du reste

Fogan : le terrain est situé à womey non loin du marché womey donc le mieux est de se retrouver au niveau du marché demain si vous êtes disponible

Wanilo : dans la matinée serait l'idéal, alors qui est l'actuel occupant

Fogan : d'après ce que je sais le terrain à été vendu à un certain akungnon mais depuis sa mort c'est son fils aîné bgènanpkon qui y vie

Wanilo ne pouvait pas y croire de ses oreilles le destin venait de luis donné une chance pour se venger et bien sûr il allait la saisie

Wanilo : c'est parfait, ont se dit demain matin à 10 h au niveau du marché womey

Fogan : oui merci beaucoup pour votre aide

A demain

Wanilo : a demain

Les deux hommes, se serre la main et fogan quitte les lieux

Wanilo était, complètement bouleversé par se qui se passait sous ses yeux c'était sa chance. Il revit la cène de la destruction de leur maison sous ses yeux, situation qui provoquait la mort de son père. Rien quand n'y pensant ses yeux coulait des larmes. Entre ses mains, il tenait un crayon papier, crayon qu'il brisa d'un geste, et dit

Wanilo : prépare toi, bgènanpkon , tout comme mon père tu verras t'as maison se briser sous tes yeux, je te le jure sur la mort de mon père et sa maison construite à la  sueur de son front

## Chapitre 12

Le soir de retour à la maison wanilo élaborait un plan pour récupérer le terrain chez fogan pour ensuite jeté gbenankon et sa famille à la rue. Exactement comme gbenankon le leur avait fait subir. Sans dit un mot à sa mère et sa grand-mère, wanilo se rend avec fogan sur le terrain et confirme qu'il s'agissait bien de la maison de gbenankon et il comptait bien la récupérer

De retour dans son bureau wanilo invite fogan

Wanilo : eh bien monsieur fogan, à combien pensé vous revendre la maison

Fogan : bon ont compte en tirer moi et ma famille 19 millions en tenant compte du prix réel du terrain de nos jours

Wanilo : et que dite vous si je vous donne 25 millions demain matin en échange de ce terrain

Fogan : je peux vous le vendre dans ses conditions

Wanilo : pas tout à fait mais si vous acceptez de signer des documents de donation, vous me faites dont du terrain légalement.

Fogan : d'accord ça marche et préparer les documents puis je vous signerais

Wanilo : parfait, ont se dit à demain

Fogan : à demain

Les deux hommes se quittait très heureux, et ravie de faire affaire

Comme convenu les deux hommes se retrouve le lendemain et pour la signature des documents. Par la suite wanilo fit une mutation de nom en son nom sur le titre foncier de la parcelle. Ce qui fait de lui le propriétaire légales de la parcelle de fogan.

Heureux de sa nouvelle acquisition, wanilo fera tout les démarches juridiques pour obtenir l'expulsions des occupants de sa maison dans un délai de trois mois .Une fois les documents à jour, il se rend immédiatement au domicile de bgènanpkon. Dès son arrivée,il frappa à la porte

Il est aceuillie par la bonne qui visiblement ne le reconnait pas

Fèmii : bonsoir monsieur, qui dois-je annoncer

Wanilo : bonsoir madame

Bgènanpkon est bien là ?

Fèmi; oui au salon

Wanilo : conduisez moi à luis, je veux lui faire une surprise

Nous sommes de veille connaissance

Fèmi : d'accord, suivez-moi alors

Fèmi qui était devenu la deuxième femme de bgènanpkon conduit wanilo à bgènanpkon

Fèmi : bonsoir, monsieur mon mari, tu as de la visite, puis-je le faire entrer

Bgènanpkon : qui est ce ,femme ?

Fèmi : il dit vouloir vous faire une surprise

Bgènanpkon : sûrement une veille connaissance, fait le entre

Elle fit entrer d'un geste de main

Fèmi : vouliez vous boire quelques choses

Wanilo : non c'est bon

Bgènanpkon : mais votre visage ne m'est pas familière

Wanilo : donc tu m'as oublié, sûrement la mort de mon père aussi, je me trompe ?

Bgènanpkon : je peux savoir qui tu es pour tenir des propos pareil dans ma maison

Wanilo : Dans t'as maison c'est bien la le problème car d'après ses documents (tout en lui montrant les dit document) cette maison est la mienne

Bgènanpkon : (rire aux éclats) je crois que tu t'es trompée de maison vas voir les voisins ils pourront t'aider

Wanilo : c'est bien la que tu te trompes bgènanpkon

Bgènanpkon était choqué de voir que l'homme connaissais son nom c'était là, la preuve qu'il n'y avait pas méprise sur la personne

Wanilo : (qui continue son discours sous les yeux ébahis de bgènanpkon)

Wanilo : ton père à faire la même erreur que le mien en faisant confiance à un homme au point de croire que le fils de cet dernier serait aussi digne que le père et te voilà

Tu as trois mois pour quitter ma maison dans le cas contraire je te ferai vivre la même chose que tu as fait à mon père en détruisant sa maison sous ses yeux

Bgènanpkon : ta tête me vient, je vois wanilo c'est donc toi

Je me doutais que derrière cette amitié sans faille de nos père se cache une histoire tordu alors laisse moi deviner tu es le bâtard de mon père c'est ça ?

Wanilo : honte à toi,quel fils indigne, mais bon lie bien c'est documents tu auras toute les réponses à tes questions et n'oublie pas tu as trois mois pour quitter ma maison

Bgènanpkon : d'accord d'accord, je ne sais pas comment tu t'y es pris mais je parie que tu as bien calculé ton coup et par respect pour nos père je te propose qu'on trouve un terrain d'entente

Wanilo : un terrain d'entente, trop tard, j'aurais négocié avec toi si et seulement si mon père me l'avait demandé .Mais voilà tu là tuer en détruisant sa maison sous ses yeux

Donc dans trois moi bgènanpkon

Bgènanpkon : trois mois, c'est trop long pour moi, si j'étais toi je ne tiendrais pas se discours car je pourrais te prendre aux mots

Wanilo : 3 mois bgènanpkon et par un jour de plus

3 mois

Dit il en tournant le talon alors qu'il était sur le point de sortie de la pièce il attendit

Bgènanpkon : qu'il en soit ainsi préparer toi à revoir ton père

Chapitre 13

Sans dit un mot wanilo quittait les lieux quand t'as bgènanpkon il prit les documents et les regarde et réalisa qu'il ne lui servait à rien d'aller en justice pour ne pas perdre sa maison .Mais comptais belle et bien se battre pour garder sa maison, la maison de son père

wanilo rentre tout joyeux avec des présent pour sa mère et sa grand-mère.Entre pagne Hollandais ,vliscos et un gâteau au chocolat.Supris sessi et nannan éteint la télé qu'il regardait et vont accueillies wanilo

Sessi : mon fils, tu es rentrée, tu gagné à la loterie

Wanilo : non maman, c'est encore mieux

Nannan : alors c'est certain tu as obtenu une promotion au boulot mon fils

Wanilo : allez fait travailler votre imagination mesdames, c'est la chose que j'ai attendu ces 5 dernières années

Sessi : alors je donne ma langue au chat

Wanilo : allé prenez ses pagnes, elles sont pour vous et maman apporte des plats pour profiter de ce gâteau

Nannan ; n'oublie pas le couteau hein

Sessi : ne vous inquiété pas maman, je n'oublie rien

Après avoir coupé et mangé le gâteau puis partager les cadeaux, wanilo demande à sa mère et sa grand mère de s'asseoir afin qu'il les explique ce qui se passe, elle accepte

Nannan : eh bien mon fils, nous écoutons

Wanilo : j'espère que vous êtes bien assises,

Sessi : bien sûr mon fils, tu peux parler sans craintes

Wanilo ; Dans trois mois je vais prendre la maison familiale de l'homme qui a détruit ce qui aurait été la maison familiale de mon père et j'aurais le plaisir de le détruire sous ses yeux et ne pourra rien faire

Nannan : tu comprends ce que dit ce garçon

Sessi : wanilo ?

L'enfant que sa mère à fuit pour sauver sa tête et celui de son autre enfant car cet enfant est capable de tout

L'enfant qui a été accusée de tué son propre père

L'enfant qui fait trembler chaque membre de sa famille y compris ces aînés

C'est cet enfant tu vas défié et pire tu comptes lui arracher sa maison familiale, la maison de son enfance, la maison de son père

Est tu devenus fous wanilo?

Wanilo : la folie est de ne rien faire, je ne peux pas le tuer car il n'a pas tuée mon père mais il a provoqué sa mort oui il m'a pris m'a maison, la maison de mon enfance, la maison de mon père

Et je vais lui faire pareil

Je vais lui prendre la maison de son père et crois moi c'est légal exactement comme à son temps crois moi maman

Sessi : maman vous ne dites rien

Nannan : tu veux que je dise quoi, il n'est pas venu demander la permission il t'a juste informé de ce qu'il à fait, tout ce que tu peux fait c'est prié pour ton fils pour que bgènanpkon aussi puissant qu'il soit ne puisse pas atteindre ton fils

Wanilo : Dans tout les cas je vengerai d'une manière ou d'une autre la mort de mon père sache le maman

Nannan : c'est bien mon garçon maintenant vas te lavé d'accord ton bains est prêt

Wanilo les quitte pour sa chambre

Sessi : maman se garçon vas me tué d'inquiétude, que fait pour le retourner de cette idée

Nannan : tu veux le détourné donne luis ce qui distraire tout les hommes

Sessi : mais quoi maman, si je savais je vais lui donner là tout de suite

Nannan : vraiment, il te reste beaucoup à apprendre

Une femme m'a fille, une femme c'est ce qui lui faut pour oublier cette vengeance

Sessi : excellente idée maman, mais où trouver une bonne fille pour mon fils

Nannan : au village ma fille, tu te souviens de fifamè la fille de la cour voisine

Sessi : oui oui , cette fille fera une bonne femme pour mon fils mais maman comment faire pour que wanilo accepte

Nannan : pourquoi tu veux son autorisation, il a demandé la tienne avant d'aller se venger

Sessi : ma maman, sur ce coup on est tous les deux

Nannan : t'inquiète pas ma fille j'ai déjà enterré un fils je ne vais pas enterrer mon petit fils ne t'inquiètes pas

De son côté après son bain alors qu'il était sur le point dormir, wanilo vit le fantôme de son père, il Cru rêvé les yeux ouverts, il se les grattes mais rien n'as faire c'est bien le fantôme de son père, alors il dit

Wanilo : papa c'est toi

Sonangnon : tu vas mourir

Wanilo pris peur mais avant qu’il ne réagit l'hombre s'était jeter sur lui pour l'étrangler mais disparaît la minute d'après comme une poussière .Wanilo avait la plus grande peur de sa vie d'ailleurs il n'avait pas fermé l'oeil jusqu'au matin. Il se rappel de la fin de sa conversation avec bgènanpkon et réalise que se dernier avait l'intention de le tuer avec l'aide du fantôme de son propre père,il se dit alors s'il devait mourir des main du fantôme de son père il devait épargné sa mère et sa grand-mère de cette peine c'est ainsi qu'il décide de garder tout ça pour luis

Depuis quelques jours la vie de wanilo est similaire à un enfer sur terre, il voit le fantôme de son père partout et se dernier n'a qu'un but le tuer bien qu'il disparaisse à chaque fois, wanilo n'en pouvais plus. A tel enseigne qu'il n'avait pas fait de remarque particulière lorsque sa mère luis parle de leur nouvelle invitée fifamè qui allait vivre avec eu un certain temps. Encore une fois dans sa voiture pour le bureau ,il pouvait sentir la présence de son père dans la voiture, alors qu'il vienne a peine de rentrée au parking du cabinet , il sort de la voiture a peine au dehors, le fantôme l'attendait, il monte dans son bureau se serre un grand verre de whisky qu'il boit à gorge déployée dans l'espoir de ne plus voir le fantôme , mais cette fois ci le fantôme de met rire comme si il avait compris sa tentative désespérée de se débarrasser de lui et trouvait cela veine, c'est la que l'un des collègues de wanilo fit son entrée dans le bureau de wanilo il avait les cheveux courts , avec un visage ronde près que féminin, élancée., il portait une chemise blanche piquer avec un pentathlon gris, il se nommait ,xovi

Xovi : wanilo ,bon sens la réunion est dans 10 mn

Wanilo : bonjour mon frère j'irai nulle par à quoi bon, je vais bientôt mourir

Xovi : de quoi tu parles bon sens

Wanilo : je vois le fantôme de mon père partout et son but est de m'amener avec lui

Xovi : il te fera rien viens avec moi, j'ai t'as solution

Wanilo : c'est vrai, même si c'est en enfer j'irai

Les deux se rendent chez un baba lawo, dans un coin de la ville de Tori bossito

Arrivée chez le baba lawo , xovi suggère à wanilo de le laisser parler Vue que c'est lui qui l'a amené

À l'intérieur du temple du baba lawo ,on pouvait voir un clôture de bois le sol était couvert de natte et de tissu, rouge, blanc et noir, il y avait un tard de sable juste devant le baba lawo couvert de l'huile rouge, de poudre, et d'alcool , et c'était sur ce tard  sable que le baba lawo crachait de l'alcool qu'il mettait d'abord dans sa bouche. C'etait la première fois que wanilo voyait un baba lawo il était surpris de constater qu'il était un homme avec une tête rond, les cheveux court, les yeux noirs, de teint noir, le torse nu, avec juste un pagne nouer à la hanche. Tout à coup xovi prend la parole

Xovi : bonsoir baba lawo, je t'ai amené un nouveau client

Baba lawo : fait le asseoir

Wanilo : bonsoir baba lawo

A peine entré le baba lawo vit l'esprit du fantôme qui suivait wanilo ,il fit sonner sa cloche sur tard de sable ,et dit qu'elle que parole incantation et le fantôme disparaît

Wanilo : oh mon Dieu comment vous avez fait il a disparu

Xovi : c'est déjà bon

Wanilo : mais vous êtes fort baba lawo

Baba lawo : ce n'est pas moi qui travaille mais les génies, tu feras quelques sacrifice pour les remercier, tien prend ça ( il Rémi une branche avec des feuilles à wanilo)

Wanilo : qu'est-ce que c'est ?

Baba lawo : ont les appelle kessu kessu ça chasse les fantômes, garde ça toujours avec toi

Plus jamais tu n'auras de fantôme d'un mort collé à toi

Wanilo : merci beaucoup, combien je vous dois

Baba lawo : avec les sacrifices, tout le travail va te coûter ,100 mill France

Wanilo lui remet l'argent, le baba lawo dit encore quelques paroles d'incantation et leur dit qu’ils peuvent partir .A l'extérieur wanilo se sent libéré, plus de fantôme qui veut le tuer il est très heureux

Wanilo : merci beaucoup xovi, grand merci je te remercierai jamais assez

Aller viens ont prend un verre

Xovi : avec plaisir

Les deux hommes quittes les lieux en voiture

Aussi étrange qu'il soit bgènanpkon vie dans une calebasse que le sors qu'il avait envoyé contre wanilo pour qu'il soit persécuter par le fantôme de son père avait été rompu

Bgènanpkon : comme ça, tu a pue fait annuler se sors mais bon ce n'est que le début avec ça tu sauras dans quel cour tu joues. Dans tous les cas si jamais se salle gamin persiste à dire qu'il va me faire sortir de la maison de mon père je jure que je n'hésiterai pas à faire recours à de l'artillerie lourde

## Chapitre 14

Depuis la visite de wanilo et le sort que wanilo à fait rompre bgènanpkon ne pouvait plus rester calme entre visite dans des cabinets d'avocats et les renseignements rassembler sur wanilo , bgènanpkon savais qu'il lui restait deux solutions .Il décide de faire recoure à la première qui consiste frappé à la porte de sa mère.

En effet depuis son départ dèpkè s'était installé dans une villa louer par sa fille mais qui au bout de 5 ans .Sica fini par l'acheter, après sa promotion, sica est directrice adjointe de la banque où elle travaille, dèpkè et sa fille menait une vie luxueuse et à l'abri des regards. Suite à ses année, Dèpkè n'avais pas perdu grand chose de sa beauté, elle était resté cette femme au visage joyeux, les yeux marrons, teint clair et adorait toujours porté ces le bomba fait du tissu lessi

Comme à son habitude après avoir surveillé que tout soit bien rangé dans la maison et le repas fait elle attendait avec impatiente le retour de sa fille devant la télé. Quelques minutes plus tard sica rentre chez elle, et fait son entrée au salon elle était devenu une très belle jeune femme avec des yeux noirs, des lèvres pulpeuses, légèrement corpulente avec une forte poitrine, avec un teint clair, elle avait porté une robe longue sexy

Sica : maman je suis rentrée

Dèpkè : soit la bienvenue ma fille et le boulot aujourd'hui

Sica: rien d'intéressant à raconter ( dit elle en se jetant dans le canapé et en enlevant ses chaussures)

Dèpkè : ah ma fille le repas est prête, tu veux manger maintenant

Sica: pourquoi faire , j'ai pas faim maman je veux juste mourir

Dèpkè : ne dit pas ça m'a fille, ça va changer

Sica : mais quand maman, j'ai 22 ans et pas un seul copain même pas un dragueur dans l'horizon

Rien, pourtant je suis belle, j'ai un poste de directeur général dans une grande banque mais rien

Personne même pas un fantôme et tu sais pourquoi ?

Dèpkè : je t'en prie m'a fille, calme toi

Sica : à cause de se bgènanpkon, tout le monde à peur de lui, ils c'est donner une mauvaise réputation mais c'est moi oui moi qui paie les pots cassés et qui végète dans ce célibat

Dèpkè : tu as fini, tu es enfin calme

Sica : non maman, je n'en peux plus,

C’est à se même moment que l'employé de maison annonce l'arrivée d'un invité

Dèpkè : tu attends quelqu'un

Sica : non maman

Dèpkè : la personne à donner son nom

Servante : oui, il dit être monsieur bgènanpkon

Dèpkè : bgènanpkon

Bgènanpkon ; en chaire et en os maman

Dèpkè : mon fils prend siège, comment vas-tu aujourd'hui ?

Bgènanpkon : ça fait plus de 5 ans que je n’ai pas vu ton visage, tu n'as pas changé maman

Et toi sica, tu ne salut pas ton frère ainé

Sica : bonsoir grand frère

Tu veux boire quelque chose

Bgènanpkon : non, allons droits à la raison de ma visite

Dèpkè :de quoi veut tu parler mon fils,

Bgènanpkon : wanilo, mon problème c'est wanilo le fils de sonangnon que la terre lui soit légère

Dèpkè : en quoi se garçon peut être un problème

Bgènanpkon : il veut me prendre ma maison

Sica : excuse-moi mais tu as fait recour à un avocat

Bgènanpkon ; qu'elle avocat quand il est le procureur de l'Etat dit moi hein

Je ressemble à quelqu'un qui a de l'argent à jeter par la fenêtre ou du temps à perdre à discuter d'une affaire perdue d'avance

Dèpkè : que puis-je pour toi mon fils ?

Bgènanpkon : dit à ton autre fils de me foutre la paix ou je prendrais les représailles qu'il n'est pas près d'oublier et tu peux me croire maman, je ne plaisante pas

Sica : ça nous ferait des vacances dit elle en quittant les lieux avec ses chaussures dans une main et son sac dans l'autre

Bgènanpkon : c'est quoi son problème

Dèpkè : oublie la, tu l'as connais elle aime faire son intéressante, t'inquiète pas mon fils je vais parler à wanilo je suis sur que je vais le raisonner

Bgènanpkon : bon, maman je vais demander à partir, et voici l'adresse de wanilo , tu devrais venir faire un tour à la maison

Tu réalisera que tu es grand mère d'une adorable petite fille, je l'ai appelé exactement comme toi maman

Dèpkè : oh mon fils, merci beaucoup pour cet honneur, comme tu le vois t'as sœur ne me donne pas de repos mais je vais m'organiser mon garçon

Bgènanpkon : d'accord maman au revoir

Juste après le départ de bgènanpkon sica sort de sa chambre

Sica ; maman c'est moi ou bien bgènanpkon aura enfin ce qu'il mérite

Dèpkè : et pourquoi celui qui le luis fera payer doit être se pauvres wanilo

Sica : tu n'as pas entendu bgènanpkon,il n'est plus pauvres  maman

Dèpkè : arrête de faire celle qui ne comprends pas ma fille

Sica : non je ne comprends pas enfin qu'il y a quelqu'un assez courageux pour le remettre à sa place ,toi tu voudrais t'y opposé moi je suis affond sur wanilo afin qu'il nous débarrasse enfin de cet ordure de bgènanpkon

Dèpkè : contrôle tes propros

Sica : je contrôle rien du tout, il le mérite un point c'est tout.

Dèpkè : organise toi et prépare toi pour la maison de wanilo car demain soir on ira le voir

Sica : mais pourquoi tu veux intervenir, pourquoi tu veux sauver mon frère ou tu es ravie de la situation actuelle des choses

Dèpkè : tu ne comprends rien ce n'est pas bgènanpkon que je veux sauver mais plutôt wanilo, j'ai une dette envers eux j'ai rien fait quand ton frère leur à pris leur maison et je ne pense pas fait pareil car j'ai rien pue faire pour sauver sonangnon mais je ferai de mon mieux pour sauver wanilo

Dèpkè et sa fille sica se rend tout les deux à l'adresse que les avais donné la veille ,bgènanpkon, l'adresse était juste c'était belle et bien là maison de wanilo .Elles fur bien accueillies par fifamè qui les conduit à wanilo et sa mère qui jouait au jeux d'awale tout cela suivi de près par la grand mère

À la minute que wanilo pose ses yeux sur sica , il était éblouir par sa beauté,son élégance et sa prestige

Sessi : wanilo tu ne salut pas nos invités

Sica : peut être que nous ne sommes pas les bienvenus et d'ailleurs qui pourrait vous blâmer

Dèpkè : vas-tu te taire toujours la langue trop pendu

Wanilo : sacré sica toujours aussi franche et directe, excusez moi c'est juste que j'ai été surprise de vous voir ici

Sessi : pour une surprise comment vas tu ma fille et le travail

Sica : je rends grâce maman

Dèpkè : sessi je comprends que mille questions tourne dans t'a tête mais tu as raison se n'est pas une visite de courtoisie mais je suis venu t'informer pour éviter une tragédie

Wanilo : où veux-tu en venir

Dèpkè : mon fils, bgènanpkon j'ai porté et accouché est un monstre, c'est dure mais c'est vrai, mon garçon ne devient pas son ennemi

Voilà tout l'or que je peux te donner

Tu as réussi financièrement, épouse une bonne fille et oublie cette histoire

Sessi : tu as entendu wanilo

## Chapitre 15

Wanilo ne pouvait lâcher du regard sica qui ne cessait de faire des grimaces pour montrer son mécontentement

Wanilo : dit moi sica que penses-tu de tout ça

Dèpkè : pourquoi tu veux l'avis de cette écervelée, tes aîné ont parlé laisse bgènanpkon et continue t'as vie

Sica : pourquoi si il y a enfin quelqu'un pour luis régler son compte pourquoi vous vous opposer

Dèpkè : tu vas te taire idiote, si il luit arrive quelque chose tu crois que tu pourras te pardonner

Sica : et encore une fois bgènanpkon gagne, franchement moi j'en peux plus je vais demander à partir

Sessi : si tu veux as ce point te venger vas y mais mon fils ne fera rien

Wanilo : tu crois ça maman

Dèpkè : bande d'inconscient écoute wanilo ,bgènanpkon à mis la main dans des trucs tu n'imagines pas, renseigne toi à son sujet tu comprendras

Wanilo : il reste un homme fais de chaire et de sang comme vous et moi

Dèpkè : tu veux mourir donc la mort de ton père te suffit pas tu veux faire souffrir t'as mère

Sessi, j'ai fait de mon mieux à toi de ne pas permettre le pire

Sessi : je sais

Dèpkè : je vais demander à partir et toi tu aurais du jamais m'accompagner

Sica : merci beaucoup maman, grand merci de nous avoir accueillies

Wanilo et sa mère les accompagne à leur voiture

Lorsqu'il était sur le point de monter

Wanilo retient délicatement la main de sica loin des regards

Sica : tu connais mon point de vue mais nos mamans ont sûrement raison à toi de voir

Wanilo : et si on en discutait autour d'une table en privé

Sica : vraiment mais ont c'est déjà tout dit non

Wanilo : j'en doute, je trouve qu'il y a beaucoup de non dit

Je veux te revoir.

Sica : wanilo

Wanilo : voici ma carte s'il te plaît appelle moi, tu me promets

Sica : d'accord je te le promets

Dèpkè : tu l'as laisse te manipuler pour aller te venger ? La c'est ton affaire

Dans tous les cas tu es un homme prévenu et toi l'idiote tu comptes démarrer la voiture

Pendant ce temps sica et wanilo se souriait et se fit une accolade pour se dire au-revoir

Sessi : merci beaucoup ma chère pour t'as visite j'espère vraiment que mon fils comprendras

Dèpkè : ne le laisse pas je t'en supplie on a trop souffert pour avoir se garçon, les mort sont morts ils ne reviendront pas

Sessi : t'inquiète pas je ferai de mon mieux

C'est ainsi que dèpkè et sa fille se rend sur l'autoroute pour rentrer chez eux, du côté wanilo et sa mère ,il retourne chez eux

A peine rentrée, la grande mère de wanilo avait remarqué que wanilo était complètement troublée pas par son histoire de vengeance mais par la présence de la jeune et très belle sica

Grand mère : et bien wanilo, comment ça va

Wanilo s'assoir à côté de sa grand mère, mais ne peux s'en pêcher de pensé à sica ses cheveux, sa beauté, son naturel

Sessi : wanilo t'a grand mère t'as parlé non

La Grand mère lui tapote l'épaule

Wanilo : oui vous disiez ?

Grand mère : comment à tu trouver la conversation de ce soir

Wanilo : oh assez riche sinon toujours en encore c'est avertissement contre bgènanpkon à cause de sa puissance occultes .Mais vous savez quoi, je me suis aussi fait des amis puissante. D'ailleurs il le sait pour preuve il envoie sa mère pour me décourager sinon pour vous trois, par quelle moyens sa mère a sue pour mes actions pour venir me dire de renoncer ?

Grand mère : je n'y avais pas pensé mais cela n'empêche pas qu'elle ait eu raison de t'avertir

Wanilo : cela étant dit je vais me coucher

Fifamè : mais grand frère vous m'avez promis une partie de ce jeux

Wanilo : la prochaine fois fifamè

Après le départ de wanilo

Grand mère : sessi tu devrais donner de l'argent pour fifamè pour qu'elle se fesse très belle comme les filles de la ville

Fifamè fit une souris en attendant cela

Sessi : mais pourquoi grand mère elle est naturellement belle

Grand mère : mais quelle genre de femme est tu ?

Mieux qu'elle genre de mère est tu ?

Tu n'as pas vu de quelle manière ton fils dévorait la fille de tout à l'heure

Il était tellement troublé qu'il ne suivait plus ce qu'on disait

Sessi : quand vous le dites maintenant je comprends mieux leur comportement de tout à l'heur

Fifamè baissait timidement la tête

Sessi : ne t'inquiètes pas ma fille, cette fille n'est pas si différente de toi si ce n'est son côté sophistiqué et élégante vous êtes pareil. Je vais te donner de l'argent pour que tu sois aussi sophistiqué et élégante qu'elle et je suis sur en moins de deux semaines mon fils sera fou de toi .Cette fille un vieux souvenirs car crois moi je ne laisserai jamais mon fils épousé la sœur de l'homme responsable de la mort de mon mari

Chapitre 16

Grand mère se contentait d'écouter car elle a bien vue la tête de son petit-fils quand se dernier à posé ses yeux sur sica et le caractère de la jeune fille qui avait en toute évidence sans même le vouloir a réussir à séduire sont petits fils. D'ailleurs elle savait comment les hommes avaient la peau dure quand il s'agissait de renoncer à l'amour ou à leur femme dans la famille.

La grand mère se demandait si sessi pourra empêcher l'inévitable

Le soir même a peine arrivé, sica demande à aller dans sa chambre comme quoi elle était fatiguée, dans sa chambre elle appel wanilo , celui ci décroche assez vite

Wanilo : allô,oui bonsoir

Sica: allô, bonsoir wanilo

C'était pour te dire que nous sommes bien rentrées et respecter par la même occasion ma promesse

Wanilo : dit moi c'est ton numéro personnel

Sica : oui, c'est exactement ça

Wanilo : dit moi tu es libre demain, je veux te voir

Sica : je ne sais pas c'est ma secrétaire qui s'occupe de mon emploi du temps

Wanilo : demain 10 h au restaurant de ton choix, c'est moi qui offre

Sica : wanilo je ne

Wanilo : tu étais tellement belle se soir mais qu'est ce que je raconte tu as toujours été belle, tu m'as tellement manqué

Sica : toi aussi tu m'as beaucoup manques mais

Wanilo : pas de mais juste demain on aura le temps de tout ce dire ma belle

Sica : bonne nuit wanilo

Wanilo ; bonne nuit ma beauté

Le lendemain à 10 h, il se revoit au restaurant, wanilo y était en avance elle le rejoind mais avec quelques minutes de retard

Wanilo : bonjour ma belle

Toujours aussi lumineuse

Sica : alors je porte bien mon nom

Wanilo : tout à fait tu es de l'or

Sica : merci beaucoup mais tu es aussi précieux

Wanilo :À quelle point le suis je pour toi

Sica : sur une échelle de 1 à 10 je dirais 10

Wanilo : non c'est pas ma réponse, suis je assez précieux pour mériter ton cœur

Sica : wanilo tu es vraiment directe

Wanilo : j'ai toujours été consciente de cette attirance qu'on éprouvait l'un pour l'autre et je sais je ne m'imagine rien

Sica : je te l'accorde wanilo mais maintenant avec se qui se passe avec nos deux familles c'est plutôt impossible

Wanilo : tu étais si belle par le passé

je lutait pour que mes désirs ne soit pas maître de mon corps et aujourd'hui tu es encore plus belle, c'était plus un supplice pour moi de réfuter mes sentiments ,mon attirance pour toi

Dit moi oui disons nous oui

Sica : je t'ai aimé enfants maintenant je l'avoue je t'aime bien plus mais j'ai peur de la réaction de nos familles

Wanilo : promet moi qu'on fera tout pour que personne ne nous sépare

Sica : je te promets mais je mentirai si je te dis j'ai pas peur

Wanilo : ont s'en va

Sica : pour aller où, on n'a même pas commander

Wanilo : fait moi confiance

Elle le suit, il passe la journée ensemble au bord de la plage de fidjroser, ils ont but et mangés, fait une pique nique à l'improviste

Wanilo : j'ai toujours voulu profiter de cet air pur avec toi

Sica : mais rien ne nous empêchait à l'époque

Wanilo : c'est faux mon monde nous séparait, regarde nous actuellement à la plage à déguster ce bon vin avec de la pisa, jamais je ne pouvais te l'offrir

Sica : mais tu sais ça ne m'a jamais bloqué, souviens toi à une époque je portais que des tenues sexy au pire transparente dans le but de te séduire mais tu faisais l'indifférent, j'ai fini par crois que je me faisais des idées sur nous

Wanilo : et si je te disais que je faisais un effort digne d'un athlète pour ne pas céder à ma libido à l'époque mais aujourd'hui nous sommes adultes, indépendant, stable financièrement et je ne crains rien ni personne

Il s'approche d'elle, lui caresse la joue et était sur le point de l'embrasser, quand sica baissait timidement la tête, à l'aide de son doigt wanilo relève le menton de la jeune fille, puis applique délicatement sa bouche sur les lèvres de sica, il savoure tout les deux leur premier baisé, mais sica y met un terme en se dégageant

Sica : non, adolescente j'avais qu'un rêve être tout à toi mais j'ai grandi et mes rêves aussi

Wanilo : d'une voix douce, tout en frottant son nez délicatement contre le sien, il lui dit et tu rêve de quoi maintenant,

Sica : elle se dégageant à nouveau, la regard droit dans les yeux, luis caresse la joue , 'être à tes côtés chaque jour et pour toujours

Je veux être ta femme wanilo et non une de plus dans ton lit

Wanilo, esquisse un léger sourire, prend la main avec laquelle elle le caressait y pose un bisou et lui dit

Wanilo : ces derniers année loin de toi tout à été très difficile, je t'ai chercher vainement, et te voilà juste la, je t'aime sica et je veux vieillis avec toi ma sica , tu es le miel qui adoucir chaque seconde de ma vie

Sica : alors c'est oui

Wanilo : tu espérait un non et bien désolée ,je ne te laisserai plus jamais t'éloigner de moi

Sica : wanilo dit elle avec un beau sourire sur les lèvres

Wanilo : s'approche d'elle, elle pose sa tête sur son épaule et ensemble ils regardèrent ensemble et amoureusement le coucher du soleil.

Sica : je t'aime wanilo

Wanilo : je t'aime beaucoup mon amour

Cette journée s'achève avec wanilo et sica qui se fait des au-revoir suivi d'un baisé. Le soir même wanilo rentre avec joie chez luis en plein dîné à table

Wanilo : qu'elles excellent dîné, le plat est super bon

Fifamè : merci beaucoup grand frère

Wanilo : c'est toi qui a cuisiné, wahou tu cuisine bien

Sessi : c'est bien que tu reconnais enfin la cuisine de fifamè tu sais c'est elle qui cuisine depuis son arrivée

Wanilo : ah d'accord merci beaucoup fifamè pour tes efforts, mais j'ai une bonne nouvelle pour vous.

Nannan : vraiment, tu renonce à cette vangance mon garçon

Sessi : oh soit béni mon fils ,ah je suis contente que tu aies écouter les conseils de tes maman.

Wanilo : oh mon Dieu, mais de quoi parlez vous ?

vangance, je vous rappelle que la maison que s'exige est la mienne au nom de la loi

Sessi : oui mais oublie cette maison mon fils

Nannan ; allons mon fils partage avec nous la raison de ta joie

Sessi : oui oui

Wanilo : bon bonne nouvelle, je vais me marier

Fifamè : ah oui j'ai vraiment hâte

Wanilo : hâte, pour mon mariage, super ma belle

Fifamè : ton mariage seulement, comment ça

Nannan : et si tu nous disais le nom de la fille

Sessi : quelle question maman, on l'a connait voyons

Nannan : aller vous le laisser confirmer ce que nous pensons

Sessi : oui maman, alors dit-nous

Wanilo : je suis heureuse que vous me connaissiez tous au point de savoir une telle chose et moi qui croyais que vous trouvez que je suis trop rapide

Sessi : moi je suis plus pressé que toi,  pour voir mes petits enfants

Wanilo : pas si vite maman une chose à la fois mais bon maman j'avoue que je suis pressée d'avoir un enfant avec sica

Sessi : sica

Wanilo : oui sica , maman, tu l'as toujours aimé comme ta fille et voilà elle va l'être officiellement

Sessi : mais c'était avant que son frère ne tue ton père

Wanilo : oui exactement son frère

Sessi : à ton avis qui voudrait épouser la sœur d'un tueur pire du tueur de son père

Wanilo : moi oui moi maman par ce que je l'aime

Sessi : tu ne voudrais pas te venger d'elle par hasard en l'épousent  mon fils, crois moi c'est toi que tu punir si tu faisais cela

Wanilo : c'est avec bgènanpkon que j'ai des différents car j'ai toujours été amoureux

D'elle et sa tu l'as toujours sur

Sessi : oui mais à l'époque tu étais un adolescent, j'ai toujours cru que cela t'étais passé avec le temps et surtout la mort de ton père

Wanilo : voilà, ce n'est pas le cas je l'aime et je vais l'épouser et j'espère que sa sera avec ta bénédiction

Furieux wanilo se retire de table, fifamè se laisse tombé sur sa chaise et se met à pleurer ,sessi furieuse répond

Sessi : pourquoi tu pleure, espèces de bonne à rien, où était tu ? , que faisais-tu ? Pourquoi est tu ici tu crois ? Nous autres allons faire ton travail à t'a place ?

Nannan : calme toi et arrête de blâmer cet enfant, tu l'as attendu, il à toujours été sur l'emprise de cette fille

Sessi : mais cette fille maman, la sœur de l'homme qui m'a tout pris

Nannan : il te reste ton fils et pris oui pris pour que la mère de cette fille soit contre et que le frère ne réagit pas mal quand il saura

Alors pris pour ton fils comme j'ai prié pour mon fils

Sessi : et qu'elle à été la finalité

Il est mort oui votre fils est enterrer 6 pied sous terre par la faute de ses genre

Vous pouvez me croire je vais réagit je le jure

Nannan et fifamè était sans voix face à ce que disait sessi

Chapitre 17

Le même soir chez dèpkè et sica

Dèpkè : tu as passé t'as journée où je t'ai appelé au bureau tu n'y étais pas

Sica : tu me surveille maintenant

Dèpkè : non mais vue que tu étais pimpante aujourd'hui, je me suis dit tu avais un rencard

Et j'ai vue juste n'est ce pas.

Sica : plus un rencard c'était une demande en mariage

Dèpkè : comment ça lequel de tes ex

Sica : aucun le seul que je croyais impossible, la vie est vraiment étrange

Dèpkè : c'est ton patron

Sica : mais non un vieux de 70 ans sérieusement

Dèpkè : je me rends je donne ma langue au chat

Alors dit moi c'est qui

Sica : maman wanilo m'a fait sa demande aujourd'hui, sa toujours été évident

Dèpkè : et tu as dit non j'espère

Sica : ah non maman je l'ai toujours aimé et luis aussi alors où est le problème ?

Dèpkè : le problème tu dis, c'est moi ou bien tu as perdu la mémoire

Il veut se venger de notre famille, moi je croyais que c'était de ton frère seul il veut se venger mais en tout évidence j'avais tord c'était de toute la famille et toi comme une idiote tu tombe dedans

Sica : c'est du grand n'importe quoi

ce que tu me racontes maman, c'est deux différents point c'est tout

Dèpkè : et tu as pensé à ton frère quand il saura pour vous deux,

Sica : et, j'ai plus droit à une vie d'amoureux normal

Dèpkè : tu veux une histoire amoureuse d'accord mais vas le faire avec tout le monde sauf wanilo

Sica : mon choix est fait et j'assumerai tous les conséquences

Et puis mes histoires d'amour ont quoi à avoir avec le problème de wanilo et bgènanpkon

Tu peux me le dire

Dèpkè : Une chose est sûre quand tout ça se retournera contre toi ne crois pas que je vais t'aider et tu es tout seul sur ce coup

Wanilo : fait comme tu veux maman dans tous les cas je vais me marier et avec un l'homme que j'ai toujours aimé c'est un rêve qui devient réalité, je suis tellement heureuse maman

Dèpkè : tu sais ce qu'on dit certains rêve sont faites pour être que des rêve et sa tu vas l'apprendre à tes dépend

Malgré l'opposition de leur mère wanilo et sica ,se voyait régulièrement, s'affichait un peu partout, leur bonheur frappait à l'œil. Mais leur idylle ne sera pas méconnue de bgènanpkon pour un long moment, oh non, il le découvre au bout d'un certain temps et comme tout le monde s'imaginait il était farouchement contre la relation et pour montrer son désaccord, il ne tarde pas à aller voir sa mère pour lui donner ses avertissements

Dèpkè : bgènanpkon toi ici, veut tu t'asseoir s'il te plaît

Bgènanpkon : je ne tiens pas, dît moi où est t'as fille

Dèpkè :sica ,oh sûrement en route pour la maison

Bgènanpkon : vraiment ou plutôt en la compagnie de se misérable de wanilo

Dèpkè : mais où peut être le problème, c'est deux la ont toujours trainés ensemble, c'est le contraire qui serait surprenant

Bgènanpkon : donc tu approuve que l'homme qui a décidé de mettre ton fils à la rue épouse t'as fille

Dèpkè : mais tu n'ai pas à la rue, c'est bien la preuve qu'il à renoncer

Bgènanpkon : tu crois, il m'a donné 3 mois pour quitter ma maison et la nous venons de faire 2 mois et demi et si il avait renoncé, il m'aurait rendu les documents de la maison qui justifie qu'il est actuelle propriétaire mais voilà il n'a rien fait de tel ce qui signifie qu'il n'as pas renoncé

Dans tous les cas dit lui bien ses propos si il croit me mettre à la rue et épousé ma sœur, il se met le doigt dans l'œil mais s'il persévère dans son entêtement il payera le prix fort

Dèpkè : sous la panique, dèpkè, se lève de son fauteuil et dit

Le prix fort, de quoi tu parles bgènanpkon

Bgènanpkon : je n'ai jamais été un tendre et je ne risque pas de le devenir dit il en quittant les lieux et en laissant sa mère dans un état inquiétude pour sa fille et wanilo.

Dèpkè tournai en rond dans son salon quand sa fille rentre, en chantant

Sica : a présent je vais lui offrir mon cœur

Dans un joli bouquet de fleurs

En luis promettant sur l'honneur

De toujours faire son bonheur

Dèpkè : viens ici madame l'amoureuse

Sica : maman c'est tellement bon d'être avec un homme que tu aimes de tout ton cœur

Dèpkè : pourquoi tu n'écoute pas t'as mère

Sica : t'écouter pas question ! je vais me battre pour mon amour je le sais c'est l'homme de ma vie et j'en ai aucun doute c'est lui maman

Dèpkè : laisse-moi te dire que ton frère est courant

Sica : et alors. ?

Dèpkè : comment ça et alors ? Vraiment hé alors ?

Il jure dans fini avec vous deux si tu continues

Wanilo est allé tout seul déclarer la guerre à bgènanpkon pourquoi tu ne comprends pas que en faisant cela il c'est mie une épée de Damoclès sur ça tête et toi tu veux t'associer à luis

Tu veux mourir où quoi

Sica : maman j'ai passé ma vie à chercher l'amour et maintenant que je l'ai trouvé j'ai pas l'intention de le perdre même si je dois mourir (après ses mots sica se rend directement dans sa chambre)

Dèpkè : pèse bien tes mots madame car elle risque de devenir une réalité plus vite que tu ne l'imagine

Fille inconsciente

Suite à cette conversation, sica ne pouvait plus fuir la possibilité que son frère veuille en finir avec elle et wanilo.

Bien sûr elle pensait garder ça pour elle jusqu'à ce jour, ce jour là, comme d'habitude elle et wanilo c'était vue au restaurant

Wanilo : ma chérie tu m'as manqué

Sica : pardonne moi pour se retard, tu as commandé

Wanilo : non je t'attendais, dit moi il y a un problème

Sica : non mais, juste une mauvaise martiné mon amour et toi ta journée bébé ?

Wanilo : super et encore plus que tu es avec moi

Tu sais quoi j'ai quelques choses qui pourrait te donner le sourire

Sica : ah oui quoi mon amour

Wanilo : aujourd'hui est la veille du départ de ton frère de sa maison, maintenant si il ne quitte pas les lieux alors je prendrai mes dispositions pour le jeter à la rue exactement comme il avait faire avec mon père

Sica : mon amour pardonne moi mais et si tu oubliais bgènanpkon

Wanilo : quoi mais je croyais que tu étais de mon côté, je crois que je vais devoir y aller

Sica : écoute il y a de cela quelques jours bgènanpkon est allé voir ma mère et la menacé de nous tuée tu comprends

Wanilo : je n’ai pas peur de lui

Sica : tu devrais pourquoi tu ne comprends pas que je ne peux pas vivre sans toi

, je t'aime wanilo

Encore plus maintenant que j'ai conscience de ton amour pour moi je veux la vivre Wanilo, je t'en supplie oublie bgènanpkon

Wanilo : merci pour cette déclaration d'amour et je t'aime aussi mais si tu me connaissais bien tu saurais que je ne reviens jamais sur ma parole et je suis tout sauf un lâche

Sica : toujours aussi têtu, je dois avouer que c'est l'une des raisons pour lesquelles je t'aime

J'espère que tu l'emportera sur bgènanpkon , je prierai pour toi mon amour, je t'aime tellement ne l'oublie pas mon amour

Wanilo : pardonne moi pour tout, allé déjeunons ma chérie, ne laissons pas  bgènanpkon  gâcher notre déjeuner , ont commande

Sica : oui mon amour

Wanilo : serveur oui vous venez

Peut être que je vais mourir demain alors tu pourrais me laisser découvrir ton jardin secret, quand penses tu ?

Sica : ne blague pas avec la mort

Mais si tu y tiens tellement, il te suffit de m'épouser

Wanilo : je crois avoir suffisamment patienté, la semaine prochaine c'est bon

Sica : pas question, tu sais quoi, je suis sans voix devant ton calme dans une situation pareille, j'en arrive à penser que tu es fou wanilo

Sica : c'est toi qui me rends fou mon amour

Les deux se souriaient et se regardaient avec amour.

Le lendemain wanilo accompagné de quelques hommes de main se rend au domicile de bgènanpkon très tôt le matin, il était convaincu que bgènanpkon n'aurai pris aucun initiative pour quitter la maison et comptait bien saisie l'occasion pour l'humilier exactement comme par le passé. Il arrive à la porte derrière luis le groupe d'hommes

Wanilo frappe à la porte

Fenou: bonjour monsieur

Wanilo : bonjour, je cherche bgènanpkon

Fenou : il doit être au lit, vous pouvez revenir s'il vous plaît

Wanilo : (il esquisse un sourire), dit lui bien que je n'ai pas de temps à perdre d'ailleurs permettez

Fenou : mais qu'est ce qui vous prend

Fèmi balayait la cour, quand wanilo entrait, elle s'arrête immédiatement

Femi: encore vous

Fenou : tu c'est qui sait

Fèmi : oui, c'est le futur beau frère de notre mari qui a décidé de le jeter à la rue

Fenou : n'est ce pas celui que j'avais épargné il y a quelques années quand bgènanpkon et ses hommes voulais le tué

Fèmi : tu aurais du le laisser faire à l'époque espèces d'ingrat

Wanilo : vous voulez de la gratitude

Vous allez quitter cette maison avec vos affaires mais en vie voilà où se cache ma générosité

Fèmi : nous irons nulle par ,fenou réveil notre marié

Petit dèpkè : maman c'est qui ses gens

Fenou : personne ma chéri retourne dans t'as chambre ma puce

Wanilo : je ne ferai pas cette erreur si j'étais vous

Fèmi : je vais réveiller notre marié et toi tu t'occupes de t'a fille

D'accord

Comme dit fèmi vas réveillé son mari, après avoir calmé sa fille, fenou reviens dans la cour. Ainsi il y avait bgènanpkon et ses deux femmes, en plus de wanilo et ses hommes

Bgènanpkon : je n'arrive pas croire que fèmi disais vraie

Wanilo : tu as 10 mn pour quitter ma maison dans le cas contraire mes hommes t'aiderons

Bgènanpkon : ton insolence est à mourir de rire mais t'inquiète tu n'aies pas à blâmer c'est le père et la mère qui t'on éduquer qui son à punir

Wanilo : je t’interdis de dit quelque chose sur mes parents

Bgènanpkon : tes parents laisse moi rire, à tu une idée sur ton propre histoire mieux tes origines réel

Wanilo : de quoi tu parles pauvre fou

Bgènanpkon : il luit montre du doigt et dit (retourne à tes origines afin qu'ils t'apprennent les bonnes manières

Aussitôt wanilo commence par se tordre de douleur au ventre

Wanilo : haï que m'a tu fais sale ordure.

Bgènanpkon : sortez tous de ma maison si vous ne voulez pas connaître le même sort

L'un des hommes de main : pardon patron il faut quitter cette maison

Wanilo :pas question, j'ais donner un ordre mettez les à la rue

L'un des hommes de main : mais patron, j'ais une femme et des enfants

Wanilo : obéissez, je ne vous ait pas engager pour réfléchir. Faite ce que je dis

L'un des hommes de main : d'accord patron, ont n'y vas les gars

Bgènanpkon : celui qui fait un pas dans ma direction peut se considérer être mort

Allez venez mais vous êtes prévenue, venez me mettre a la rue

L'un des hommes de main : pardons parton mais c'est au delà de nos compétences

On a pas signé pour mourir

Wanilo : allons y mais la prochaine fois je ne viendrai pas avec seulement quelques homme je te le jure

Bgènanpkon : comme s'y il aura de prochaine fois déguerpissez le plancher tous et immédiatement.

Fèmi et fénou était très heureuse de la tournure des évènements

Fèmi : tu es vraiment le meilleur mon mari

Fenou : allez vous en et ne revenez plus jamais

Bgènanpkon : ne gaspille pas t'as salive car wanilo à l'heure actuelle est un homme mort

Fèmi : morts pour de vrai

Bgènanpkon : avant que le soleil ne se couche il nous quittera et ceux ci pour toujours

Que la terre te soit légère mon chère wanilo

Chapitre 18

Alors qu'il était en route pour aller à l'hôpital la douleur se calme, heureux de cela ,il décide de rentrer chez lui ce reposé et surtout réfléchir à un plan pour renvoyer et humilié bgènanpkon de telles sorte qu'il ne l'oublie jamais

Une fois à la maison, il s'asseoir dans son fauteuil, pendant qu'il réfléchir .fifame dans un robe sexy, courte , transparente avec un décolleté très ouvert laissant ses seins et ses cuisses bien visible, sans compter que ses sous vertement était visible à l'œil nu, vue que la robe était transparent, fifamè viens s'asseoir à côté de wanilo et commence à le caresser

Désagréablement surpris en ouvrant les yeux , wanilo l'arrête d'un geste de main et se lève

Wanilo : qu'est-ce qui te prends, ça va pas chez toi ou quoi ?

et ses quoi ces vertement ?

Fifamè : mais je ne suis pas Belle, regarde mes forme, mes rondeur, mes seins, mes fesses

Je ne te plais pas, je t'aime wanilo

Wanilo : c'est du délire ou quoi ?

, je dois rêver

Fifamè qui s'approche de lui

Fifamè : je t'aime wanilo, je t'ai toujours aimé depuis le village, je peut te rendre heureux même ta mère et ta grande mère sont du même avis donne moi une chance s'il te plait

Wanilo : ma mère ,ma grand mère sont donc de cet avis

Incroyable, maman, maman, maman

Fifamè : pardon ,pardon grand frère calmez vous

Wanilo : maman , maman criait il

Sessi : qu'est-ce qu'il y a, pourquoi crie tu mon non ainsi mon fils il y a un problème

Wanilo : le problème c'est cette fille, regarde la, regarde ses vertement, tu as vue ?

Sessi : quoi, où est le problème, c'est bien ça qui t'attire chez cette sica , et bien fifamè détiens aussi ces atouts

Wanilo : avant tout chose, toi dégage et vas te changé

Si je te trouve encore habillé ainsi dans ma maison je te main dehors, c'est compris

Sessi : elle n'ira nulle par d'ailleurs c'est elle que tu vas épouser, je suis t'as mère et toi me doit obéissance

A cause des bruits Nanan sort de sa chambre pour le salon

Nannan : calme toi sessi, et toi fifamè vas dans ta chambre et reste s'y

Wanilo : grand mère toi aussi tu étais au courant n'est ce pas.

Nannan : nous sommes tes maman nous pouvons vouloir que ton bonheur

Wanilo : mais accepté que je n’ai pas choisir sica mais c'est mon coeur qui l'a fait

Pour l'amour du ciel'

Sessi : et je suis t'as mère je ne peux  vouloir que ton bonheur

Wanilo : ma mère  , offerte c'est quoi cette histoire d'origine

Sessi : d'origine nous parlons toujours de sica

Wanilo : pas tout à fait, offerte je suis partie voir bgènanpkon pour qu'il quitte ma maison vue que aujourd'hui est son dernier jour sur mes terres et la il m'a dit que je vais retourner à mes origines

Qu'est ce que cela peut vouloir dire

En larme, les mains sur la tête sessi se met  à pleuré

Sessi : maman cet enfant ma tuée je lui avais dit portant de laisser cette maison

Wanilo : mais qu'est ce qui te prend qu'est-ce que je ne sais pas

Sessi: wanilo tu doit lui demander pardon et renoncer à cette maison ,a sa sœur et à tout sa famille tu comprends

Wanilo : je n'en ferai rien si tu ne m'explique pas ce qui se passe

Sessi : l'histoire remonte à plus loin à l'époque akungnon et sonangnon venait de se retrouver sur le chantier de cette maison que tu veux arracher à bgènanpkon. À l'époque akungnon vivait dans une maison de fonctions avec sa femme et leur fils. C'était dans le but d'être le propriétaire de sa propre maison qu'il fait appel au patron de l'époque de ton père pour construire la maison.

Quand les deux amis se retrouve suite à une visite de akungnon sur son chantier,les deux amis ont promis de ne plus se séparer et de se soutenir dans les bon et mauvais moment.

C'est ainsi que au cour d'une conversation sonangnon confesse à akungnon ,ses difficulté à enfanté pendant longtemps .Il disait à qui voulais l'entendre que  c'était la faute de sa première compagne s'il n'arrivait pas à concevoir mais  suite à l'heure séparation cette dernière accouchait des jumeaux, c'est alors qu'il compris que c'était luis qui avait des problème par la suite il fit des examens médicaux qui confirmait ses craintes il était stérile. C'est alors que akungnon luis propose une solution peut conventionnelle qui était de faire des sacrifices pour avoir en échange un enfant. Ce que moi et ton père avons accepté afin que les fétiche nous bénis avec un enfant

Quelques semaines plus tard je suis tombé enceinte et voilà, tu es né .On a fait d'autres sacrifice pour remercier le fétiche et voilà tu sais tout ton père et moi avons toujours voulu te garder de se secret pour que tu ne te sens jamais différents des autres enfants mon fils

Wanilo : donc si je comprends bien je suis l'enfant d'un fétiche

C'est bien ça maman

Sessi : pardonne-moi mon fils, s'il te plaît

Wanilo : tu étais au courant grand mère

Nannan : je viens de le découvrir mais sa change rien qu'un fétiche t'es donner à tes parents tu es mon petit fils, je te le promets mon garçon

Wanilo : je suis dégoûtée, je suis la propriété d'un fétiche

Je comprends mieux je vais mourir c'est ça hein c'est ce que bgènanpkon voulais dire

Il faut que sorte, il faut que je respire un bon coup

Sessi : non wanilo ne t'en vas pas, dit elle en pleurant

Sans regarder derrière Wanilo quitte la maison .Sur la route il appelle son amie xovi afin qu'il se rende tout les deux chez baba lawo ,ce que xovi accepte ,

Arrivée chez baba lawo

Baba lawo : soyez les bienvenus mes enfants

Wanilo : baba lawo je vais mourir fait quelques choses

Xovi : pardonne-nous pour le manque de respect mais l'heure est grave

Baba lawo : rien n'est grave avec baba lawo, je vais régler ça en quelque seconde

Baba lawo lance ses courir à terre et dit

Baba lawo : juste un bain de purification et le problème est résolu

Wanilo : vraiment baba lawo vous êtes le meilleur

Baba lawo appel un de ses apprenti et lui demande de le conduire à la douche pour le bain de purification, après le départ de wanilo et le jeune apprenti

Xovi : baba lawo , merci beaucoup pour tout

Baba lawo : tu as combien d'oreilles

Xovi : deux oreilles

Baba lawo : alors tend les bien pour écouter ce que j'ai à te dire

Xovi : oui je t'écoute

Bana lawo : écoute tu n'es pas qu'un client pour moi, tu es une veille connaissance

Un amie de longue date alors laisse moi te dire que ce qui arrive à ton ami il n'y a pas de remède .Il est la propriété d'un fétiche  et le fétiche réclame sa propriété par conséquent  ce qui est au fétiches doit être rendu au fétiches c'est la loi de la nature qui est ainsi

Xovi : donc baba lawo tu ne peux rien pour lui et le bain de purification

Baba lawo : tu es jeune, tu as une jolie femme et un beau petit garçon si tu tiens à eux reste loin de cet affaire. Tu m'as bien entendu

Xovi : oui baba lawo

Baba lawo : dans tous les cas je m'en lave les mains si tu persiste tu auras tout seul les conséquences

Xovi : c'est compris baba lawo

Wanilo revient avec l'apprenti après avoir pris le bain

Wanilo : baba lawo, j'ai déjà pris le bain

Baba lawo : c'est bien reviens dans trois jours pour un autre bain et le problème est résolu

Wonilo: je vous doit combien

Baba lawo : juste 200 mill

Wanilo : tenez et merci beaucoup pour tout baba lawo

Baba lawo : allé en paix mes enfants

À l'extérieur wanilo remercie sont amis et l'invite à boire un verre mais se dernier refuse

Wanilo : mais xovi je te dois beaucoup un verre juste un verre

Xovi : écoute j'ai beaucoup de retard au boulot, ont se revoir une autre fois pour se verre

Wanilo : d'accord, je ne vais plus tarder sur toi merci beaucoup pour tout que Dieu te bénisse

Xovi : aller au-revoir

Alors il se dit au revoir, sur la route wanilo ressens la douleur de son ventre mais cette fois ci la douleur est multipliée par mille au point de ne plus être supportable, voyant qu'il allait bientôt mourir, il appelle sica au téléphone

Sica : allô mon amour, je viens de sortir d'une réunion vraiment énervante si je te racontais

Wanilo : sica , je vais bientôt mourir et je veux te voir pour une dernière fois si tu le permets

Sica : mais qu'est ce que tu racontes mon amour, dit moi où est tu

Wanilo : je me suis arrêtée quelques par je crois que c'est dans la zone de godomer juste en bas de l'échangeur

Sica : d'accord j'arrive tout de suite mon amour

A peine raccrocher, sica monte dans sa voiture et arrive à wanilo, par chance elle le retrouve assez rapidement

Sica : wanilo mon amour, qu'es ce que tu as ?

Wanilo : je vais mourir mon amour,

Sica : non pas question, je ne vais pas te perdre à nouveau ça jamais allé monte ont vas à l'hôpital

Wanilo : c'est pas nécessaire sica c'est une maladie spirituel même le traitement du baba lawo n'as pas pu personne ne le pourra

Sica : un baba lawo , sérieux

wanilo, wanilo, réveil toi mon amour

Chapitre 19

Wanilo venait de perdre connaissance, sica le pousse dans le second siège de devant et prend le volent direction l'hôpital le plus proche, arrivée là bas il invite les médecins qui accourent, il luit donne les premiers soins. Sica appel sessi avec le téléphone de wanilo

Sessi : allô wanilo mon fils, reviens à la maison ont vas trouver une solution

Sica : ce n'est pas wanilo maman c'est sica

Sessi : toi où est mon fils qu'à tu fais à mon fils

Sica : on est à l'hôpital maman, wanilo ne se sentait pas bien

Sessi : à l'hôpital, lequel

C'est ainsi que sessi, nannan , dèpkè, fifamè rejoint sica à l'hôpital

Sica : docteur s'il vous plaît dites nous il souffre de quoi et comment vas t'il ?

Docteur : sica , je suis un veille amis de votre défunt père alors au nom de cet amitiés je vais vous dire ceux ci ,votre ami est dans un état critique et malgré les examens médicaux ont ne trouve rien . Vu que la maladie évolue il est fort probable qu'il ne passe pas la nuit

Sessi : que voulez vous dire ?

Docteur : que si j'étais vous j'irai voir dans la médecine traditionnelle car d'après ce que je vois ce n'est pas une maladie naturel c'est plutôt d'ordre spirituel

Dèpkè : merci beaucoup docteur, faites le nécessaire pour le garder en vie nous autres nous ferons le nécessaire

Docteur : bien madame akungnon

Dèpkè : tu vois où nous as conduit votre entêtement sica ? , ou est votre amour maintenant ?

Sessi , grand mère, accompagné moi , bgènanpkon vas devoir nous écouter

Sessi : tu as raison allons le voir

bgènanpkon était assis dans son salon et buvait tranquillement son verre de whisky quand fenou viens le voir

Fenou : bonsoir mon cher mari, tu passes une bonne journée j'espère

Bgènanpkon : que me veux-tu femme ?

Fenou,: tu as de la visite mon mari

Bgènanpkon : qui est ce ?

Fenou : je ne sais pas mais ils s'agissent de trois femmes

Bgènanpkon : trois femmes fait les entré

Fenou : d'accord mon mari

Les trois femmes rentraient dans le salon, immédiatement elles se mirent toutes les trois agénoues

Bgènanpkon : relevez vous s'il vous plait, c'est un sacrilège de voir, trois mère dans cet état par ma faute .C'est crime envers nos ancêtres

Sessi : laisse moi ainsi mon fils, je te laisse la maison de ton père, j'ai tout dit mais wanilo est têtu maintenant je vais l'obligé. Mais je peux te juré que la personne qui va te mettre hors de cette maison devrait me tuer d'abord, en échange liber mon fils des griffe de la mord s'il te plait

Dèpkè : bgènanpkon je t'en supplie, tu peux nous croire ont tiendra paroles.

Bgènanpkon : mes chère mamans, je vous crois mais vous êtes arrivé trop tard, les rituels ont été faits, je ne peux plus défait ce que les dieux eux même ont fait

Je suis vraiment désolée mais mes mains sont liés, je ne peux plus rien fait

Pardonnez-moi mais vous vous êtes déplacer pour rien

Sessi :bgènanpkon ait pitié de moi

Pardon ;c'est mon unique ,tu sait comment je l'ait eu

Bgènanpkon : pardon je ne peux rien on a déjà fait son enterrement dans le monde des esprits

Je ne peux rien faire,

Sessi tombait, pleurait et se roulait au sol en criant de désespoir

Sessi : prenez moi mais laissez mon fils pitié bgènanpkon prend moi ,tu moi mais épargne mon fils pardon épargné mon fils

Dèpkè : bgènanpkon prend en pitié cette pauvre femme et épargne son unique fils

Bgènanpkon : je t'avais prévenue plusieurs fois, si c'était possible de l'épargner tu crois que je l'aurai avertir autant de fois

Dèpkè : bgènanpkon, bgènanpkon, bgènanpkon

J'ai appelé ton nom trois fois, si tu viens effectivement de mes entrailles .Je jure sur mon sein gauche avec lequel je t'ai nourrir que si tu t'en prends encore à la vie de wanilo .Tu le paiera de t'as vie.

Bgènanpkon : maman t'a malédiction est inutile car wanilo est mort

Sessi qui pleurait toujours en se roulant par terre

Dèpkè : debout sessi, debout viens

Sessi : pour allez où, mon unique fils est mort, tu n'as pas entendu, je veux mourir

Dèpkè : qui est il pour le dire, il est Dieu debout sessi ,il nous reste un dernier espoir aller ont n'y vas

Nannan : qu'elle est cette solution

Dèpkè : allons à l'hôpital je vais vous expliquerais sur la route

Les trois femmes quittes la maison de bgènanpkon pour l'hôpital

Bgènanpkon les regarde partie et dit :

Bgènanpkon : dans au plus une heure de temps, wanilo tu seras un souvenir pour nous tous et voilà comment l'histoire se termine

Sica était inconsolable, l'état de wanilo qui ne s'améliorait pas, a présent c'était sa respiration qui devenait de plus en plus impossible.

Wanilo : Sica je vais mourir je le sais, je le sens

Sica : ne dit pas ça mon amour , tu verras tout ira bien.

Wanilo : maman

Cisa regarde derrière elle il y avait les trois femmes et un pasteur

Cisa : bonsoir pasteur, vous pouvez le sauver ?

Pasteur : ce n’est pas moi qui sauve mais c'est Dieu ma fille, relève toi et ensemble prions le tout puissant afin qu'il accomplit un miracle

La prière débute, sica, dèpkè ,nannan ,sessi , fifamè, en plus du pasteur la prière commença

Alors qu'il prière tous le cœur de wanilo cessa de battre. Inquiète, sica cours appelé les médecins

Les médecins entraient tous avec précipitations et demande aux autres de sortie

Même à l'extérieur de la chambre de wanilo , priait. Pendant ce temps les médecins travaille.

Quelques heures plus tard, les médecins sort de la chambre de wanilo et leurs informe

Sessi : alors docteur comment vas mon fils

Docteur : je suis désolée mais nous l'avons perdue .On a fait tout ce qui était de notre pouvoir

Sica : non vous mentiez, wanilo est vivant

Docteur : sica vous devez vous reprendre

Sica rentre avec précipitations dans la chambre de wanilo .Les autres la suit en larme

Sica : wanilo , tu n'as pas le droit de me faire ça, réveil toi

Tu dois te réveiller wanilo

Au nom puissant de Jésus Christ de Nazareth le tout puissant notre créateur tu vas te réveiller

Tu as entendu wanilo,au nom puissant du tout puissant notre créateur je déclare que tu te réveilles immédiatement

Réveil toi wanilo

Chapitre 20

À cette même minutes la foudre sorna et wanilo se réveilla puis commença une averse

Wanilo : Sica , où suis je

Sica:  wanilo , tu es vivant, c'est un miracle

Dèpkè : que le tout puissant soit loué

Sessi : mon fils, mon garçon ( elle s'approche de lui et le serre dans ses bras )

Pasteur : rendons grâce au seigneur pour se miracle, oui c'est un miracle

Au même moment chez bgènanpkon

Bgènanpkon : qu'elle drôle de journée, pour une pluie inattendu ça c'est une pluie inattendu

Fèmi : bgènanpkon  , bgènanpkon viens la sauver , c'est t'as fille , elle est inconsciente dans la cour

Bgènanpkon : malédiction, c'est impossible, il doit s'agir d'une erreur

Fèmi : viens la voir

Bgènanpkon et fémi se rend dans leur cours et retrouve la petite dèpkè inconsciente dans les bras de sa mère

Fenou : sauve ma fille bgènanpkon, sauve notre fille bgènanpkon

Bgènanpkon regarde et examine de très près la petite et constate qu'elle n'est pas inconsciente mais plutôt morte. furieux sans dit mot, il rentre dans la salle des fétiche et fait une consultation.

Bgènanpkon : qu'est-ce que cela signifie

Un génie apparaît et luis dit

Génie : c'est le dou de l'équilibre

Bgènanpkon : mais pourquoi ma fille

Génie : wanilo à survécu et pour mettre l'équilibre il faut une vie contre une autre vie

tu connais les dieux , ils sont capricieux très capricieux , ils ont choisi t'as fille pour mettre l'équilibre

Bgènanpkon : ma fille, ils ont choisi ma petite fille m'a pauvre petit fille

Génie : tu dois être fort

Dit le génie avant de disparaitre

De la tristesse à la colère, bgènanpkon porte ses différents allumettes et talismans puis sort sous la pluie

Fèmi : où vas-tu ainsi bgènanpkon

Bgènanpkon: N'est pas peur femme à mon retour la petite dèpkè sera vivente dans le cas contraire je ne suis pas bgènanpkon.

Fèmi : vas et reviens nous sein et sauf mon chère et tendre bgènanpkon

Bgènanpkon prend la porte, il marchait tout droit jusqu'à arrivé sur une parcelle abandonné, arrivée sur les lieux, il s'approche d'un arbre, un baobab, sous la pluie

Bgènanpkon : hommage à toi, la demeure des sorciers, toi l'arbre fétiche j'en appelle à la force obscure qui te gouverne, sorter en ce jour pour obéir au grand bgènanpkon

Odé, owé ,aton ,

Apeine il avait fini que la foudre le foudroie et il tomba à terre et meure. Des serpents noirs sortent de l'arbre. Les serpents regarde autour d'eux, il ne vit que le corps sans vie de bgènanpkon, alors les serpents retourne dans l'arbres

A l'hôpital, dèpkè sans une douleur au niveau de la poitrine. Sessi la remarque

Sessi : ça va dèpkè

Dèpkè : non pas du tout, j'ai l'impression d'avoir perdu un être chère, quelques choses de mal est arrivé à bgènanpkon ,j'en ai la certitude

Sica : maman j'ai l'impression, tu crois que

Dèpkè : si le fait que ton wanilo soit vivant à un lien avec ton frère

C'est la volonté de Dieu

Nannan : il n'y a qu'une solution vous devez aller le voir aux lieux de supposé

Sica: grand mère à raison maman

Docteur :ah j'ai de bonnes nouvelles pour vous

Sessi : oui lesquels

Docteur : après les examens je pense que dès demain matin nous allons libérer wanilo

Sica : ah merci beaucoup docteur

Nannan : ça tombe bien nous irons voir bgènanpkon demain pour mettre un terme à tous les problèmes qu'il y a entre luis et wanilo

Car après tout nous serons tous de la même famille bientôt

Sessi : c'est effectivement le cas maman

Tous souriaient à cœur joie. La nuit s'écoulait assez vite à l'hôpital. Le lendemain il se rendent tous chez bgènanpkon, étrangement le corps de la petite dèpkè les aceuille ,car elle était visible dans la cour, .Fenou était juste à coté du corps de sa fille en pleurant

En attendant tout ce bruit fèmi sort de la chambre

Fèmi : c'est toi bgènanpkon

Dèpkè : où est mon fils

Fèmi : il est sortie hier soir maman

Sica : mais qu'est ce qui se passe avec fenou, pourquoi elle pleure et pourquoi la petite dèpkè ne réagit pas

Fèmi : sa fille est morte et quand bgènanpkon viendra il va-la ressuscité

Sica : c'est quoi c'est absurdité, c'est Dieu qui ressuscite et fait des miracles et non les hommes

Fèmi : arrêté de blasphémer votre fils est un dieu sur terre, vous ne l'avez jamais vu faire

Dèpkè : t'es tois toute les deux au lieu de raisonner mon fils vous l'avez encouragé dans cette folie

Sica : fèmi apporte une chaise pour wanilo

Fèmi : il est encore vivant ? Mais c'est impossible

Sessi : vos plans ont échoué par la grâce de Dieu mon fils est vivant

Fèmi : mon bgènanpkon va tout régler

Nannan : vas-tu te taire mauvaise femme

Tout à coup on entend des  chants traditionnel accompagné avec des gons. Le chant s'approche et rentre dans la maison c'était un groupe de personnes avec le corps de bgènanpkon.

Chapitre 21

Tous est choqué de voir le corps de bgènanpkon en particulier des deux épouse.les groupe de chanteurs cesse de chanter

Fenou lâche le corps de sa fille et vas prendre dans ses bras celui de bgènanpkon

Fenou : réveil toi bgènanpkon, rend moi ma fille, bgènanpkon tu n'as pas le droit de mourir

Fèmi : bgènanpkon ont sais que tu dors, tu es un dieu réveil toi bgènanpkon

Dèpkè : mon fils n'est pas un Dieu, qui êtes vous ? Et qu'est il arrivé à mon fils ?

L'un des hommes répond : nous sommes les adeptes du Dieu tornai appeler communément xèviosso , c'est le dieu qui nous a conduit à la dépouille de votre fils et c'est le voisinage qui nous a montré le chemin de cette maison

Fèmi : et qui as mis mon époux dans cet état

L'homme répond : c'est le dieu tornai, c'est pourquoi il nous a conduit à lui à présent nous allons le ramener pour qu'il nous dise pourquoi le dieu tornai lui as arraché la vie

Les rituels fut fait et le corps de bgènanpkon se réveilla

L'homme : parle bgènanpkon parle

Bgènanpkon : j'ai été tués par  la foudre du dieu tornai

L'homme : pourquoi tu as été tué par le dieu  tornai

Bgènanpkon : la raison remonte à plus loin

Tout commence quand je réalise que feu mon père allait me déshérité pour donner tout ses biens à ma sœur .Furieux je suis allée voir un vieil homme dont les talons d'envoûtement avait traversé les frontière , l'objectif était de faire que mon père reconnaisse ma valeur et me face héritier mais le vieillard avait d'autres projets pour moi . Il me fait disciple et m'enseigne tout son savoir disant que j'étais l'élu . C'est ainsi après la mort de cet dernier, je deviens le plus grand baba lawo de la région mais encore là ma puissance m'étais inconnu dans le but d'envouter mon père, je me retrouve à le tué. Dans le but de protéger ma famille je me retrouve à les perdre. Je sais j'ai été cupide , et je vous demande pardon, à tous j'espère qu'un jour vous allez trouver la force de me pardonner

Quant à toi wanilo si je me suis pris à ta vie c'était pour garder le bien le plus précieux de mon père c'était cette maison, sa première et plus belle réalisation.Ccette maison porte dans chaque coin l'histoire de ma famille, je me devais de la préserver et si je suis mort c'était pour venger ma fille m'a petite fille

A présent vous savez tout

L'homme : le regrettes-tu au moins

Bgènanpkon : je suis reconnaissant de mourir, enfin libéré de tout cette puissances, mais vous avez raison je regrette d'avoir frappé à la porte du vieillard

L'homme : A présent tu peux retourner en paix auprès de tes ancêtres

Bgènanpkon : merci au revoir à vous tous, pardonnez-moi si vous pouvez

Il mourut à nouveau

Dèpkè : que soit maudit cet homme qui a abusé mon fils.

Sessi : soit fort ma chère

Fèmi : que vais je devenir sans mon mari

Fenou la regardait sans dit mot..Car elle savait que tout ce que elle avait construit dans la maison avec leur marié était fini

Dans les mois qui ont suivi, wanilo et sica se sont mariés, et se son installer dans la maison qu'il estimait être celui de leur père. La maison que l'un sonangnon à construire avec ses collègues ouvriers pour son meilleur ami akungnon. Oui cette maison que considérait akungnon comme la cour commune où lui et son meilleur ami courait.

En quelques mots c'était la maison des deux meilleurs amis qui c'était retrouvés sur sa construction

C'était la maison du père de chacun

Printed by Books on Demand GmbH, Norderstedt / Germany